2024年度版

みんなが欲しかった！

# 社労士

合格への
## はじめの一歩

TAC出版
TAC PUBLISHING Group

## はじめに

# 自分を変える "一歩" を踏み出しましょう！

はじめまして。この本を執筆している貫場恵子と申します。

この度は、数ある書籍の中から、この「合格へのはじめの一歩」を手にとっていただき、ありがとうございます。

本書は、はじめて社会保険労務士試験の勉強に取り組もうとされている方に向けた入門書です。
社会保険労務士に求められる事柄や仕事の内容、また試験制度についても詳しく触れた手引書となっています。

社会保険労務士という資格の性質上、試験科目の多くが「法律」です。法律と聞いて、ちょっと抵抗を感じる方もいらっしゃるかもしれませんね。

しかし、社会保険労務士試験で学ぶ法律は、実生活にも役立つ、日常生活と関連付けて理解できるものばかりです。

法律の勉強は難しすぎるのではないか…
法律の知識がなくても試験に合格できるのだろうか…

と不安に思われる必要はありません。

本書でまずは「社会保険労務士」というものの概要をつかんでいただければと思います。そして、全体像をつかんでいただいた後、細かい部分の知識を身につけていくことで、とても効果的な学習ができます。まずは本書で、基本となる土台の部分の勉強からはじめていきましょう。

さて、みなさんが社会保険労務士（社労士）を志すきっかけはどんなものでしたか？

私は現在、**資格の学校TAC**で講師をしながら、開業社労士として、企業の労務管理の相談などの社労士業務も行っています。

社労士として実務に携わるようになってからもうずいぶん経ちますが、社労士になる前は、実は公務員として働いていて、公立学校の予算作成や教職員の労務管理・福利厚生事務を担当していました。
結婚し、妊娠してからも公務員の仕事を頑張って続けていましたが、つわりがひどく、切迫流産で入院を余儀なくされ、仕事を継続することが難しくなってしまい、退職することにしました。

２人の子どもを出産し、しばらくは専業主婦として、家事・育児で毎日忙しく、仕事から離れた生活をしていました。
少しずつ自分の時間がもてるようになってきたのは、長女が小学生になり、長男も幼稚園に入園したころでした。それから、何か勉強をしようと思うようになりました。

本屋さんで資格の本を手に取り、リサーチしていたところ、社会保険労務士という資格が目に留まりました。

「**１年で合格可能**」
「**開業でも勤務でも活かせる**」
というキャッチに惹かれ、これだと直感しました。

しかも、学生時代に法律の勉強していたこともあり、試験科目も自分に興味があるものが多かったのです。

国家資格ですし、当時は今のように市販書籍も充実していなかったので、独学では難しそうだなと思い、1年で合格するためには、学校に通うのが得策だと考えました。

いろいろな資格試験対策学校からパンフレットを取り寄せ、無料セミナーに参加しながら情報収集をし、TACに通うことを決めました。そこから毎週土曜日、TAC梅田校に通い、試験合格に向けて勉強していました。

講義は楽しかったのですが、毎日の復習がしんどく、途中何度諦めようと思ったことか…。しかしそんなときは、夫や子どもたちが家事を手伝ってくれ、励ましてくれ、なんとか頑張り続けることができました。

ここで受験を諦めたらTACの授業料も無駄になるし資格も取れない…と自分を必死に奮い立たせ、最後まで勉強を続けました。

そして結果は、一発合格。合格発表で受験番号を見つけたときは、涙があふれました。

そして、TACの担任の講師にすぐに「合格」の報告に行きました。
その時、「TACで講師をやらないか？」と声を掛けていただきました。不安もありましたが、このチャンスを大事にしようと思い、すぐにＯＫの返事をしました。講義が週1回でよいというのも、主婦にとってありがたかったのです。

TACで講師をする前に、まず社労士会に入会しようと思い、地元の社労士会にも出向きました。社労士会では今後の活動について丁寧に教えてくださいました。
そこで、思い切って「開業登録」しようと決断しました。
専業主婦だった私にできるのだろうか…という不安よりも、社労士としての一歩を踏み出せたことが嬉しかったのをよく覚えています。

　その後は、TACで講師をしながら開業社労士の仕事も徐々にはじめていきました。最初は社労士会から依頼を受けた行政協力の仕事から始めていきました。徐々にセミナーの依頼や労働相談の仕事が増え、大学で労働法の講義を担当するようにもなりました。

　こうして、社労士試験に合格してから、私の人生はガラリと変わりました。資格があることで、さまざまな**チャンス**が巡ってくるんだと思っています。そして今は社労士の仕事にやりがいや楽しさを感じています。もちろん、大変なことも多く、勉強の毎日です。でもそれが次のステップに繋がっています。ですから、みなさんも社労士受験をきっかけに、これからのライフワークを見つけてみませんか。

　本書を読まれ、社会保険労務士に興味をもった、あるいは面白そうな勉強だなと感じていただければ嬉しいです。合格するためには、何よりも興味をもって楽しみながら学習を続けることが大切です。

　みなさんも、この「合格へのはじめの一歩」で、自分を変える「一歩」を踏み出しましょう。

2023年7月吉日<br>貫場　恵子

# CONTENTS

## オリエンテーション編
**合格へのはじめの一歩 スタートアップ講座**
- 社会保険労務士になるまで ……… 2
- 社会保険労務士の業務を徹底解剖!! ……… 4
- 社労士試験を徹底解剖!! ………… 16
- 社労士学習スタートアップ!! ……… 26
- 法律の基礎知識 ………………… 34
- 社労士試験科目の概要 ………… 38

## 入門講義編
### CHAPTER 0　入門講義に入る前に
- 社労士試験で労働法や社会保険法を学習するのはなぜ？ ………… 42
- 年金制度機能強化のための改正 ………………………………… 44

### CHAPTER 1　労働基準法
| Section 0 | 社労士試験で労働基準法を学習するのはなぜ？ ‥46 |
|---|---|
| Section 1 | 労働基準法とは？ ………… 48 |
| Section 2 | 労働契約 ………………… 51 |
| Section 3 | 解雇 ……………………… 54 |
| Section 4 | 賃金 ……………………… 59 |
| Section 5 | 労働時間 ………………… 65 |
| Section 6 | 休憩・休日 ……………… 73 |
| Section 7 | 時間外労働・休日労働 … 76 |
| Section 8 | 年次有給休暇 …………… 81 |
| Section 9 | 年少者 …………………… 84 |
| Section10 | 女性 ……………………… 86 |
| Section11 | 就業規則 ………………… 89 |

過去問チェック！ …………………… 92
知っててよかった！ 労働基準法 ………… 95

### CHAPTER 2　労働安全衛生法
| Section 1 | 労働安全衛生法とは？…… 98 |
|---|---|
| Section 2 | 安全衛生管理体制 ……… 101 |
| Section 3 | 機械や危険物・有害物に関する規制 ………………… 107 |
| Section 4 | 健康診断・面接指導 …… 110 |

過去問チェック！ ………………… 115
知っててよかった！ 労働安全衛生法 …… 117

### CHAPTER 3　労災保険法
| Section 1 | 労災保険法とは？ ……… 120 |
|---|---|
| Section 2 | 業務災害・通勤災害・複数業務要因災害 ……… 124 |
| Section 3 | 保険給付の種類 ………… 128 |
| Section 4 | 傷病に関する保険給付 ……………………………… 129 |
| Section 5 | 障害が残った場合の保険給付 ………………… 133 |
| Section 6 | 死亡に関する保険給付 ……………………………… 137 |
| Section 7 | その他の保険給付 ……… 143 |
| Section 8 | 社会復帰促進等事業 …… 146 |

過去問チェック！ ………………… 148
知っててよかった！ 労災保険法 ………… 150

### CHAPTER 4　雇用保険法
| Section 1 | 雇用保険法とは？ ……… 152 |
|---|---|
| Section 2 | 保険給付の種類 ………… 156 |
| Section 3 | 求職者給付 ……………… 157 |
| Section 4 | 就職促進給付 …………… 163 |
| Section 5 | 教育訓練給付 …………… 167 |
| Section 6 | 雇用継続給付 …………… 170 |
| Section 7 | 育児休業給付 …………… 174 |

(6)

過去問チェック！ ················ 176
知っててよかった！ 雇用保険法 ··········· 178

## CHAPTER 5　労働保険徴収法
Section 1　労働保険徴収法とは？
　　　　　　 ························· 180
Section 2　労働保険料 ················ 183
Section 3　労働保険料の申告と納付
　　　　　　 ························· 186
Section 4　労災保険のメリット制
　　　　　　 ························· 193
Section 5　労働保険事務組合 ······· 195
過去問チェック！ ················ 196
知っててよかった！ 労働保険徴収法 ···· 198

## CHAPTER 6　健康保険法
Section 0　社労士試験で社会保険を
　　　　　　学習するのはなぜ？ ···· 200
Section 1　健康保険とは？ ··········· 202
Section 2　保険料・標準報酬 ······· 210
Section 3　保険給付の種類 ··········· 216
Section 4　傷病に関する保険給付
　　　　　　 ························· 217
Section 5　死亡に関する保険給付
　　　　　　 ························· 224
Section 6　出産に関する保険給付
　　　　　　 ························· 226
過去問チェック！ ················ 228
知っててよかった！ 健康保険法 ··········· 231

## CHAPTER 7　国民年金法
Section 1　年金制度の概要 ··········· 234
Section 2　国民年金とは？ ··········· 237
Section 3　保険料 ···················· 240
Section 4　給付の種類 ················ 243
Section 5　老齢基礎年金 ·············· 244

Section 6　障害基礎年金 ·············· 248
Section 7　遺族基礎年金 ·············· 251
Section 8　第1号被保険者に対する
　　　　　　独自給付 ················· 255
過去問チェック！ ················ 258
知っててよかった！ 国民年金法 ··········· 260

## CHAPTER 8　厚生年金保険法
Section 1　厚生年金保険とは？ ···· 264
Section 2　保険料・標準報酬 ········ 269
Section 3　保険給付の種類 ··········· 272
Section 4　本来の老齢厚生年金 ···· 274
Section 5　特別支給の老齢厚生年金
　　　　　　 ························· 278
Section 6　障害厚生年金 ·············· 283
Section 7　障害手当金 ················ 286
Section 8　遺族厚生年金 ·············· 288
Section 9　脱退一時金 ················ 293
Section10　離婚時の年金分割 ········ 295
過去問チェック！ ················ 297
知っててよかった！ 厚生年金保険法 ···· 299

## CHAPTER 9　一般常識
Section 1　社労士試験の一般常識
　　　　　　とは？ ···················· 302
Section 2　労務管理その他の労働に
　　　　　　関する一般常識 ··········· 307
Section 3　社会保険に関する一般常識
　　　　　　 ························· 315
過去問チェック！ ················ 319
知っててよかった！ 一般常識 ················ 321

最後に ································ 323
索引 ·································· 324

（7）

# 本書の効果的な学習法

## 1 オリエンテーション編で試験、資格について知りましょう！

　まずは**スタートアップ講座**からはじめましょう！　社会保険労務士の仕事内容、試験の実施日程や試験問題の形式をみていきます。そして、合格までにどのような勉強をしていくのかが、イラストとともにわかりやすく掲載されています。

## 2 入門講義編で社労士試験の学習内容の概要を学びましょう！

　社会保険労務士試験で学ぶ全科目の**入門講義**に進みます。まずは、CHAPTER 0 で、労働法・社会保険法という大きな枠組みをつかみ、CHAPTER 1 から順に読み進めていきましょう。入門講義では、主要なテーマで、かつ、知識理解のための土台となるものを、わかりやすくまとめています。法律の勉強がはじめての方でも無理なく読めるよう、やさしく身近な言葉を使った文章で、図解も満載。楽しく読み進めていくことができます。1 つのCHAPTERを読み終えたら、知識の確認として、**過去問チェック！**を解き、実際の試験問題を体感してみましょう。

●Section●はこんな話
まずは概要をイラストとともに確認してから学習スタートします！

●板書
重要ポイントが一目瞭然です！

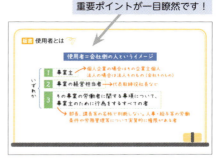

●知っ得！
知っておくと得する情報をまとめています。試験や日々の生活でも役に立つ情報が満載です。

●過去問チェック！
入門講義を読んだだけですぐ解ける問題を厳選しています！

●知っててよかった！ ●●法
科目の最後に、知識の総復習として、まとめコラムをつけました。日常生活において、まさに「知っててよかった！」となるポイントをまとめています。

(9)

## オリエンテーション編

### 合格へのはじめの一歩
# スタートアップ講座

社労士の世界へ
みなさんを招待します!!

パパパパーン

By 滝澤ななみ

# 社会保険労務士になるまで

社会保険労務士は、国家資格です。
まずは本試験に合格し、そのあと一定の実務経験を要件に登録を行うことで、はじめて「社会保険労務士」として仕事ができるようになります。ここではそのフローを簡単にご紹介します。

**スタート**

まずは勉強を頑張ろう

**4月中旬～5月31日 受験申込**
申込を忘れずに！

**8月 社労士試験受験**

**10月 社労士試験合格**

会社の総務、人事部門や、社労士事務所での勤務経験などから、現場でどれだけ実務の経験があるかが問われます。

**2年以上の実務経験がある？**

→ ない

**事務指定講習を受講**
通信指導課程（4月間）
＋
面接指導課程（4日間）
※eラーニング講習もあり

全国社会保険労務士会連合会に名簿登録・都道府県社会保険労務士会に入会

ある

**独立開業社労士**

開業登録
独立開業して自分の事務所をもつ！

事務所のある都道府県社労士会で登録

**企業内社労士**

勤務等登録
企業の人事部等で活躍！
社労士事務所勤務で経験を積む！

← 社労士

勤務先or自宅のある都道府県社労士会で登録

【参考】社労士の登録費用
（東京都社会保険労務士会の場合。2023〈令和5〉年7月現在）

| 登　録 | 登録免許税　30,000円 |
| --- | --- |
| | 登録手数料　30,000円 |
| 社労士会入会 | 開業　　入会金50,000円、年会費96,000円 |
| | 勤務等　入会金30,000円、年会費42,000円 |

3

社会保険労務士資格の魅力を知りましょう！

# 社会保険労務士の業務を徹底解剖!!

本格的な学習に入る前に、まず社会保険労務士（以下「社労士」といいます。）の業務についてみていきましょう。

## 社労士＝人事・労務管理・社会保険のスペシャリスト

社労士は、1968（昭和43）年に成立した「社会保険労務士法」により誕生した「国家資格」です。

企業や労働者と密接な関係にある労働基準法や労働保険、社会保険などに関するスペシャリストとして活躍しています。

## 社労士の業務

社労士の業務の種類は大きく3種類で、「1号業務」「2号業務」「3号業務」があります。

1号業務と2号業務は、社労士資格を有していなければ、報酬を得て行ってはならない「独占業務」です。

また、社労士の新たな役割として、2015（平成27）年4月より、補佐人業務も加わりました。

## 1号業務とは？　　　独占業務

まずは、1号業務をみてみましょうか…。

たとえば、会社は人を雇うと、雇用保険や社会保険の手続きをしなければなりませんが…

小さな会社では、人が足りなかったり、知識のある人がいなかったりで、少々めんどくさいことがあります。

そこで、外部の誰かにその手続きを依頼して、やってもらおう！…と思うのですが、そう簡単にはいきません。

このような労働社会保険関連の手続きを、「業」として、つまり報酬をもらって、行うことができるのは、社労士だけとされています。

こういった、労働社会保険諸法令に基づく、「申請書等の作成」や…

その申請書等を行政機関等に提出するといった「提出代行」業務

そして、事業主から委任を受けて、行政機関等への提出から主張、陳述を行う「事務代理」が社労士の1号業務とされています。

具体的には、このような業務が1号業務です。

また、各種助成金の申請も行います。

このほか、特定社会保険労務士でなければ行うことができない「紛争解決手続代理業務」も、1号業務に含まれます。

なお、紛争解決手続代理業務とは、職場でトラブルが発生し、会社と労働者が争いになったときに、裁判上で解決するのではなく、話し合いによって迅速に解決を図るための「あっせん」を行うことをいいます。

また、特定社会保険労務士とは社会保険労務士として登録しており、かつ、紛争解決手続代理業務試験に合格して付記を受けた者です。

## 2号業務とは？　　独占業務

つづいて2号業務です。

たとえば、会社は就業規則や賃金規程や、労働者名簿などの帳簿を備えておかなければなりませんが、

小さな会社や新規設立の会社でこれらを一気に作成するのは困難ですよね。

また、法改正に伴って、これらの内容も改定しなければなりませんから、そういった法律に詳しい人が必要となります。

そこで、社労士の登場です。

社労士の2号業務には、労働社会保険諸法令に基づく「帳簿書類等の作成」があります。

具体的には、このような業務が2号業務です。

## 3号業務とは？

次に3号業務です。

3号業務はひとことでいうと、労務関係のコンサルティング業務です。

社労士は、法律で唯一認められた労務管理専門のコンサルタントなのです！

そして、3号業務として、企業の人事や労務上の相談に応じ、企業の実情に即して適切なアドバイスを行うのです。

## 補佐人制度とは？

さて、1号業務から3号業務までみてきましたが、これ以外に、補佐人業務というのもあります。

労使間トラブルで、訴訟になったというような場合、これまでであれば、その後の訴訟については、すべて弁護士に引き継がなければなりませんでしたが…

弁護士に依頼したうえで、社労士が裁判所において補佐人として弁護士とともに出廷し、陳述することができるようになりました。

11

この補佐人制度により、社労士が最後まで、依頼人の利益に貢献することができるのです。

なお、1号業務で説明した、紛争解決手続代理業務については、特定社会保険労務士でないとできませんが、この補佐人業務については、すべての社労士が行うことができます。

## 社労士が活躍する場面とは？

さて、ここまでは社労士の業務についてみてきましたが、こんどは社労士が活躍する場面についてみてみましょう。

社労士で活躍するには「開業」と「勤務等」の2パターンがあります！

## 社労士が活躍する場面① 取得後に目指すは起業!! 独立開業の道

社労士資格があると、独立して、自分で事務所を立ち上げることも可能です。

社労士の場合は、電話やパソコンなど最低限の設備があればいつでも開業できるので、合格後すぐに登録をして開業する方も少なくありません。

給与計算や社員の労務管理については、まるごと外部にアウトソーシングする企業も多いです。また、年金関連のコンサルタントを求めるクライアントも少なくありません。企業は、さまざまな場面で社労士を必要としています。

自分が経営者になるということですので、決して容易な道ではありませんが、働いた分だけ収入として返ってくるのは、独立開業の醍醐味といえますね。

## 社労士が活躍する場面② 企業の中で資格を活かす道

また、企業に属しながらスペシャリストとして活躍することができるのも、社労士資格の大きな魅力です。企業の中で活躍する社労士は「企業内社労士」といわれています。社労士資格があることで、就職や転職にも有利になります。

企業の中で、社会保険や労務管理の知識が必要な人材といえば、真っ先に思いつくのが、人事部門担当者でしょう。

合格者の多くの方が、今の仕事での活用を考えて、社労士試験の学習をはじめています。

| 開業 | 24,688人 |
|---|---|
| 法人社員 | 3,558人 |
| 勤務等 | 16,754人 |
| 合計 | 45,000人 |
| 法人会員 | 2,585法人 |

なお、2022（令和4）年11月末時点での社労士の人数は次のとおりです。

このように、社労士はチャンスがたくさんある、素晴らしい資格です。
みなさんも将来の目標を実現するために、これから頑張って勉強していきましょう！

いざチャレンジ！　社労士試験について知りましょう！

# 社労士試験を徹底解剖!!

社労士は、毎年約5万人の方が目指す大変人気のある資格です。ここでは、社労士試験のアレコレをみていきます。

## I　データによる徹底解剖

まずは試験データをCHECK！

### 受験者数・合格者数等

社労士試験の過去10年の受験申込者数、受験者数、合格者数等は次のとおりです。

|  | 2013 (H25)年 | 2014 (H26)年 | 2015 (H27)年 | 2016 (H28)年 | 2017 (H29)年 | 2018 (H30)年 | 2019 (R元)年 | 2020 (R2)年 | 2021 (R3)年 | 2022 (R4)年 |
|---|---|---|---|---|---|---|---|---|---|---|
| 申込者 (人) | 63,640 | 57,199 | 52,612 | 51,953 | 49,902 | 49,582 | 49,570 | 49,250 | 50,433 | 52,251 |
| 受験者 (人) | 49,292 | 44,546 | 40,712 | 39,972 | 38,685 | 38,427 | 38,428 | 34,845 | 37,306 | 40,633 |
| 受験率 | 77.5% | 77.9% | 77.4% | 76.9% | 77.5% | 77.5% | 77.5% | 70.8% | 74.0% | 77.8% |
| 合格者 (人) | 2,666 | 4,156 | 1,051 | 1,770 | 2,613 | 2,413 | 2,525 | 2,237 | 2,937 | 2,134 |
| 合格率 | 5.4% | 9.3% | 2.6% | 4.4% | 6.8% | 6.3% | 6.6% | 6.4% | 7.9% | 5.3% |

気になる合格率は、高い年では9.3%、低い年では2.6%となっていますが、平均して6.1%くらいです。
合格率は、2021（令和3）年は7.9%で、やや高めの合格率になりましたが、今後も5～7%台で推移していくのではないかと予想されます。試験問題の難易度も安定してきているので、しっかりと勉強をすれば合格可能な試験です。

また、受験申込者数や受験者数、合格者数の推移についてのグラフも上記のとおりで、かつてはすごく上下が激しかったのですが、ここ数年は安定しているようです。

## 2022(令和4)年試験　合格者の年齢階層別割合

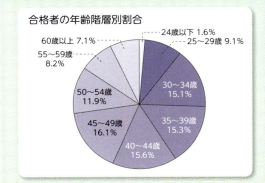

つづいて、もっと細かいところをみていきます。2022（令和4）年試験の合格者について、いろいろな角度からみてみましょう。

まずは合格者の年齢構成はこんなカンジ…

…30歳台、40歳台が多そうですね。最近は、20歳台から30歳台前半の合格者も増加しています。
ちなみに最年少合格者は20歳、最高齢合格者は75歳でした！

17

## 2022（令和4）年試験　合格者の職業別割合

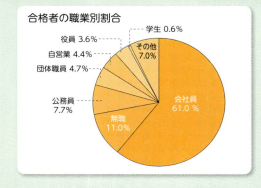

そして、合格者の職業別割合は…

半数以上が会社員の方ですが、社内でキャリアアップするために受験する方はもちろん、独立開業して社労士で食べていこうと一念発起して始めるという方も多いようです。すでに税理士やファイナンシャル・プランナーといった自営業者として独立しており、さらに社労士としての仕事も受けるべく、社労士試験を受験するという方もいるようです。

## 2022（令和4）年試験　合格者の男女別割合

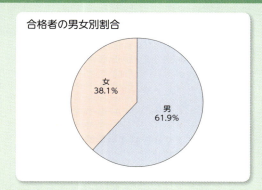

最後に、合格者の男女別割合は…

合格者の約4割が女性で、女性の人気も大変高い資格です。

## Ⅱ 試験の概要を徹底解剖

### 本試験の実施日程（2023〈令和5〉年例）

社労士試験は、年1回、8月下旬の日曜日に、全国19都道府県で実施されます。
2023（令和5）年度の第55回の本試験は下記のようなスケジュールです。

2024（令和6）年度の第56回の本試験の概要は、2024（令和6）年4月中旬に全国社会保険労務士会連合会試験センターのホームページ等で発表される予定です。

### 受験資格

社労士試験を受験するためには、一定の受験資格を満たしている必要があります。主なものは、次のページのとおりです。

| 受験資格 | 受験資格証明書 |
|---|---|
| **Ⅰ** 学校教育法による大学、短期大学、専門職大学、専門職短期大学若しくは高等専門学校(5年制)を卒業した者又は専門職大学の前期課程を修了した者 | 次のいずれか<br>(1) 卒業証明書若しくは修了証明書又はその写し<br>(2) 卒業証書の写し<br>(3) 学位記の写し |
| **Ⅱ** 上記の大学(短期大学を除く)において62単位以上の卒業要件単位を修得した者<br>上記の大学(短期大学を除く)において一般教養科目と専門教育科目等との区分けをしているものにおいて一般教養科目36単位以上を修得し、かつ、専門教育科目等の単位を加えて合計48単位以上の卒業要件単位を修得した者 | 大学の成績証明書<br>又は<br>その写し |
| **Ⅲ** 社会保険労務士試験以外の国家試験のうち厚生労働大臣が認めた国家試験に合格した者<br>**例** 公認会計士試験(旧公認会計士試験第1次、第2次試験を含む。)、弁理士試験、税理士試験、中小企業診断士試験(旧中小企業診断士試験を含む。)、情報処理技術者試験(ITストラテジスト試験、システムアーキテクト試験、プロジェクトマネージャ試験など) など | 次のいずれか<br>(1) 合格証明書又はその写し<br>(2) 合格証書の写し |
| **Ⅳ** 行政書士試験に合格した者 | 次のいずれか<br>(1) 合格証明書又はその写し<br>(2) 合格証書若しくは証票又は会員証の写し |

なお、詳しい受験資格については、全国社会保険労務士会連合会試験センターにお問い合わせください。

**試験に関する問合せ先はコチラ**

**全国社会保険労務士会連合会 試験センター**
〒103-8347 東京都中央区日本橋本石町 3-2-12 社会保険労務士会館 5 階
TEL 03-6225-4880（9:30〜17:30・土日祝日、年末年始は除く。
試験前日は 10:00〜16:00 で受付）

FAX 03-6225-4883

# Ⅲ 試験種、問題数を徹底解剖

社労士試験には、選択式と択一式があります。

## 試験種

午前 → 選択式（80分） 40点満点

午後 → 択一式（210分） 70点満点

社労士試験は「選択式」「択一式」で出題されます。
選択式は8科目から8問、択一式は7科目から70問出題されます。

## 選択式試験

「選択式」は、5つの空欄に入る適切な語句を、与えられた選択肢の中から選んで解答します。

---

国 民 年 金 法

〔問 8〕 次の文中の □ の部分を選択肢の中の最も適切な語句で埋め、完全な文章とせよ。

1　国民年金法第36条第2項によると、障害基礎年金は、受給権者が障害等級に該当する程度の障害の状態に該当しなくなったときは、 A 、その支給を停止するとされている。

2　寡婦年金の額は、死亡日の属する月の前月までの第1号被保険者としての被保険者期間に係る死亡日の前日における保険料納付済期間及び保険料免除期間につき、国民年金法第27条の老齢基礎年金の額の規定の例によって計算した額の B に相当する額とする。

3　国民年金法第128条第2項によると、国民年金基金は、加入員及び加入員であった者の C ため、必要な施設をすることができる。

4　国民年金法第14条の5では、「厚生労働大臣は、国民年金制度に対する国民の D ため、厚生労働省令で定めるところにより、被保険者に対し、当該被保険者の保険料納付の実績及び将来の給付に関する必要な情報を E するものとする。」と規定している。

（2022〈令和4〉年度　第54回本試験問題より）

---

空欄の数は1問（1科目）に5つ。単語はもちろん、数字も空欄になりますし、長めの文章がまるごと空欄になることもあります。

①空欄に入る用語を…

21

― 選択肢 ―

| | | | |
|---|---|---|---|
| ① | 2分の1 | ② | 3分の2 |
| ③ | 4分の1 | ④ | 4分の3 |
| ⑤ | 厚生労働大臣が指定する期間 | ⑥ | 受給権者が65歳に達するまでの間 |
| ⑦ | 速やかに通知 | ⑧ | 正確に通知 |
| ⑨ | 生活の維持及び向上に寄与する | ⑩ | 生活を安定させる |
| ⑪ | その障害の状態に該当しない間 | | |
| ⑫ | その障害の状態に該当しなくなった日から3年間 | | |
| ⑬ | 知識を普及させ、及び信頼を向上させる | | |
| ⑭ | 遅滞なく通知 | | |
| ⑮ | 福祉を増進する | ⑯ | 福利向上を図る |
| ⑰ | 理解を増進させ、及びその信頼を向上させる | | |
| ⑱ | 理解を増進させ、及びその知識を普及させる | | |
| ⑲ | 利便の向上に資する | ⑳ | 分かりやすい形で通知 |

②選択肢から
選びます。

(2022〈令和4〉年度　第54回本試験問題より)

社労士試験の「選択式」は、空欄に対して選択肢が与えられているとはいえ、かなり語群の数が多いのも特徴です。それぞれの空欄ごとに、入りそうな選択肢をグループ分けして解くという方法が有効です。

## 択一式試験

「択一式」は、5つの選択肢の中から正しいもの（または誤っているもの）を1つ選んで解答します。

### 労働基準法及び労働安全衛生法

〔問　1〕　労働基準法の労働者に関する次の記述のうち、正しいものはどれか。

A　労働基準法の労働者であった者は、失業しても、その後継続して求職活動をしている間は、労働基準法の労働者である。

B　労働基準法の労働者は、民法第623条に定める雇用契約により労働に従事する者がこれに該当し、形式上といえども請負契約の形式を採るものは、その実体において使用従属関係が認められる場合であっても、労働基準法の労働者に該当することはない。

C　同居の親族のみを使用する事業において、一時的に親族以外の者が使用されている場合、この者も労働基準法の労働者に該当しないこととされている。

D　株式会社の代表取締役は、法人である会社に使用される者であり、原則として労働基準法の労働者になるとされている。

E　明確な契約関係がなくても、事業に「使用」され、その対償として「賃金」が支払われる者であれば、労働基準法の労働者である。

選択肢は5つ

問題を読んで、間違えている箇所や、アヤシイ箇所に印をつけておくといいでしょう。また、冒頭の「正しいものはどれか」「誤っているものはどれか」についても、絶対に見落とさないようにしましょう。択一式は、分量も多く、時間との戦いでもありますので要注意です。

(2022〈令和4〉年度　第54回本試験問題より)

## 試験科目と問題数

社労士試験の試験科目は8科目で、選択式と択一式で、それぞれ次のような問題数、配点で出題されます。

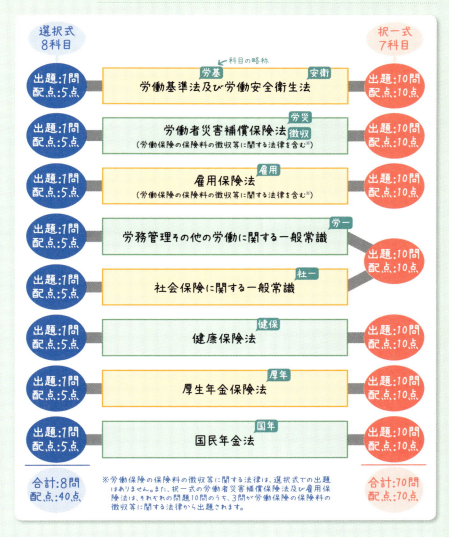

## 合格基準

### 確実な合格ラインの目安（7割とろう！）

 選択式　総得点 28 点以上
　　　　　各科目 3 点以上

 択一式　総得点 49 点以上
　　　　　各科目 4 点以上

各科目の基準点（各科目：選択式3点、択一式4点）に満たない場合は、基準点の補正がない限り、不合格となる。
補正…毎年その年の本試験の科目ごとの正答率などを勘案して基準点の補正（救済措置）を行うこと。ただし、毎年必ず行われるとは限りません。

社労士試験の合格基準は、合格発表時に公表されます。

選択式、択一式両方の試験で総得点の基準をクリアし、さらに科目ごとの基準点もクリアする必要があります。

総得点で高得点をとっても、各科目の基準点に満たない場合は、基準点の補正がない限り、不合格となってしまいます。

## 過去10年の合格基準の推移

過去10年の合格基準は次のとおりです。毎年基準点は変動しています。

**選択式**　　**択一式**

**H25**
総得点：21点以上　各科目：3点以上
補正あり→ 社一 …1点可
　　　　　 労災 雇用 健保 …2点可

総得点：46点以上　各科目：4点以上
補正なし

**H26**
総得点：26点以上　各科目：3点以上
補正あり→ 雇用 健保 …2点可

総得点：45点以上　各科目：4点以上
補正あり→ 労社一 …3点可

**H27**
総得点：21点以上　各科目：3点以上
補正あり→ 労一 社一 健保 厚年
　　　　　　　　　…2点可

総得点：45点以上　各科目：4点以上
補正なし

|  | 選択式 | 択一式 |
|---|---|---|
| H28 | 総得点：23点以上　各科目：3点以上<br>補正あり→ 労一 健保 …2点可 | 総得点：42点以上　各科目：4点以上<br>補正あり→ 労社一 厚年 国年<br>…3点可 |
| H29 | 総得点：24点以上　各科目：3点以上<br>補正あり→ 雇用 健保 …2点可 | 総得点：45点以上　各科目：4点以上<br>補正あり→ 厚年 …3点可 |
| H30 | 総得点：23点以上　各科目：3点以上<br>補正あり→ 社一 国年 …2点可 | 総得点：45点以上　各科目：4点以上<br>補正なし |
| R元 | 総得点：26点以上　各科目：3点以上<br>補正あり→ 社一 …2点可 | 総得点：43点以上　各科目：4点以上<br>補正なし |
| R2 | 総得点：25点以上　各科目：3点以上<br>補正あり→ 労一 社一 健保 …2点可 | 総得点：44点以上　各科目：4点以上<br>補正なし |
| R3 | 総得点：24点以上　各科目：3点以上<br>補正あり→ 国年 …2点可<br>労一 …1点可 | 総得点：45点以上　各科目：4点以上<br>補正なし |
| R4 | 総得点：27点以上　各科目：3点以上<br>補正なし | 総得点：44点以上　各科目：4点以上<br>補正なし |

選択式の総得点は一番低い年が21点、一番高い年が27点、択一式の総得点は一番低い年が42点、一番高い年が46点です。
先ほど示した確実な合格ラインがとれるように勉強していきましょう。とにかくバランスよく勉強していくことがとても重要です。社労士試験の仕組みをきちんと理解して、これから頑張っていきましょう！

合格への第一歩を踏み出しましょう!!

# 社労士 学習スタートアップ!!

さあ、学習スタート！
…その前に、ここでは学習スケジュールの立て方、書籍の選び方などについて説明します。

## I 本試験までの勉強スケジュール

まずは大まかなスケジュールを…

社労士試験は科目数も多いため、スケジュールをしっかり立て、コツコツと勉強を進めていくことが重要です。合格までの勉強の流れは、まず基本的な事項を身につける土台固めの時期を作り、そのあと徐々にレベルアップしていくようにします。次の3つのステップを意識するとよいでしょう。

**Step 1　前半期【理解中心】**
☆ まずは本書で全体像をつかみ、そのあと本格的な教科書で詳細内容をインプットしていきましょう。
☆ 同時並行で問題集も解きましょう。
〈教材〉入門書、教科書、問題集

↓ 4月頃

**Step 2　中間期【知識整理】【演習強化】**
☆ 共通事項を中心に知識整理や、苦手科目を集中的に学習しましょう。
☆ また、問題演習を繰り返し行い、問題を解くスピードを上げていきましょう。
〈教材〉教科書、要点まとめ本、過去問題集、予想問題集

↓ 6月頃

**Step 3　追込み期【弱点克服】**
☆ 暗記分野の最終整理や、ミスしやすい箇所を徹底確認しましょう。
〈教材〉直前対策本、問題集（今まで使ったものすべて）

↓ 本試験

## 教科書と問題集の取り組み方について

まずは教科書を読みましょう。最初は大まかに概要をつかむように読みましょう。線を引きながら読むとよいです。

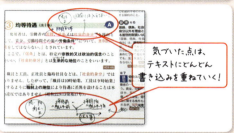

教科書を読んだら問題集を解きましょう。間違えた問題は、復習の際に確認できるようにチェックを入れておきましょう。

問題集で間違えた問題は解説を読むなどして、必ず確認しましょう。また、ときには教科書に戻って、間違えた理由をしっかり確認しましょう。

## Ⅱ 勉強についてのQ&A

学習開始前にみなさんが気にしている点をQ&A形式でまとめました。

### Q 1日の学習時間はどのくらい必要でしょうか？

最初のうちは、1日2〜3時間程度確保できるとよいでしょう。
社労士試験の合格に必要な勉強時間はだいたい800〜1,000時間程度といわれていますので、それを1つの目安にしてください。
社労士試験は、科目数も多く、ボリュームもありますので、コツコツと続けることが重要です。最初のうちは、「勉強しない日を作らない」という目標を立て、1日に10分でもよいのでテキストを開いてみるなど、毎日勉強を続ける習慣作りからはじめましょう。

27

**Q** 社会人の場合、時間を作ることがかなり厳しいのですが、みなさんどのように工夫されているのでしょうか？

通勤の移動中や朝早く起きて学習している方が多いようです。
日頃からちょっとした時間（隙間時間）も活用するようにしていくとよいでしょう。空いた時間にパッと確認できる<u>コンパクトな教材を常に持ち歩いたり、デジタル教材を活用</u>するなどして、いろいろ工夫してみましょう。

**Q** 自宅だとなかなか勉強に集中できません。みなさんどのようなところで勉強しているのですか？

図書館、有料の自習室を活用されている方が多いようです。
また、学校に通っている方は、学校の自習室にこもって勉強しているという方も多いようです。

## Ⅲ　教材の選び方

次に、独学で勉強する場合の教材の選び方について説明します。

### 独学で勉強する場合に必要な教材

**次の3種類の教材が必要**

1. 基本事項をマスターするための教材
2. 本試験での得点力をつけるための実力アップ教材
3. 直前期の最後の総仕上げ教材

独学で社労士試験の勉強をする場合、次の3種類の教材が必要となります。

それぞれ順番に説明していきますね。

## 1. 基本事項をマスターするための教材

まずは、全科目分の情報が入った教科書と、それに対応する問題集、要点整理本の3点を用意しましょう。
特に、教科書は本試験日までずっと使う、相棒のようなものなので、いろいろ見比べて、気に入ったものを選ぶとよいでしょう。

## 2. 本試験での得点力をつけて実力アップ!

基本事項がある程度マスターできてきたら、さらに問題演習をして、本試験での得点力をつけていきましょう。

問題集は「選択式用予想問題集」「択一式用予想問題集」「過去問題集」の3種類を用意しておくとよいでしょう。

## 3. 直前対策本で最後の総仕上げ!!

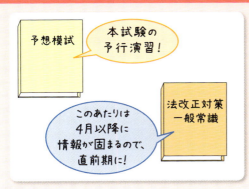

本試験の3カ月くらい前からは、直前対策として「予想模試」「法改正対策」「一般常識対策」を強化していくようにします。

## 4. 学習プランの紹介

Ⅰ～Ⅲを踏まえて、ここではTAC出版書籍のご紹介と、その書籍を使った効果的な学習法について説明します。

### 入門書

**1 社労士合格へのはじめの一歩** 本書

- 「オリエンテーション編」で、社労士という資格と社労士試験について、さらっと確認してイメージをつかみましょう。
- 「入門講義編」で、各科目の内容をざっと読んで全体像をつかむとともに法律学習になれましょう。
- 社労士試験対策では、全体像の理解がとても重要です。本書のようなコンパクトに要点がまとまった教材は、本試験直前期まで役立ちます。

### 基礎学習

**2 社労士の教科書**

2023年10月刊行

- まずは1回、ざっと読んで全体像をつかみましょう。わからないところや側注の参考はどんどん飛ばします。
- 本文をじっくり、力を入れて読み込みましょう。
- 「ミニテスト」は必ず解きましょう。できないときは、すぐに本文に戻って知識を確認しましょう。

リンク

**3 社労士の問題集**

2023年10月刊行

- 『社労士の教科書』の1回目を読む段階から、できればSectionごと、少なくともCHAPTERごとに『社労士の問題集』を解きましょう。
- できなかった問題は、解説に記載されているリンクをもとに『社労士の教科書』に戻って確認しましょう。

### 実力養成

**4 合格のツボ 選択対策・択一対策**

2023年11月刊行

- 予想問題集は、本試験の典型的なパターンを把握したり、過去問ではカバーしきれない法改正点などを強化するために役立ちます。
- 基礎レベルから応用レベルまで幅広く対応しています。

**5 全科目横断総まとめ**

2023年12月刊行

- 社労士試験で学ぶ膨大な情報量を科目横断&科目別でイッキに整理できます。
- コンパクトで持ち歩きにも便利です。

## 過去問演習

### 6 社労士の年度別過去問題集 5年分

2023年12月刊行

- 5年分の本試験問題を、詳細な解説と問題ごとの正解率とともに、年度別に収録しています。正解率はTAC社会保険労務士講座の「本試験解答分析サービス」の数値から、各問に実際の受験生の正解率を掲載しています。
- 実際の本試験問題は、ボリュームも多いため、解き進めるには慣れも必要です。知識がある程度身についたところでチャレンジすると、効果的です。
- 出来具合に一喜一憂することなく、解けなかった問題は、『社労士の教科書』に戻って復習しましょう。

## 直前対策

### 7 社労士の直前予想模試

2024年4月刊行

- 出題傾向を徹底分析した予想問題を2回分収録しています。
- できなかった問題は、解説に記載されているリンクをもとに『社労士の教科書』に戻って確認しましょう。
- 別冊の「最後はコレだけ暗記BOOK」は注目度の高い法改正と本試験当日までに絶対に覚えておきたい暗記事項をまとめてあります。
- 「予想模試」は、なるべくたくさん解くようにしましょう。余裕があれば、資格スクールで実施する公開模試を受験し、実力試しをするのもオススメです。

### 8 無敵の社労士3 完全無欠の直前対策

2024年5月刊行

- 法改正対策は、1冊本でしっかり確認しておきましょう。法改正点は本試験でも頻出事項なので、まとめて確認しておくと点数に結びつきます。
- 手薄になりがちな一般常識科目も、直前期にまとめて対策しておきましょう。
- 本書は、最新法改正情報や白書・統計を中心とした一般常識対策など、直前対策に見ておきたいものをこの1冊にまとめています。

## 合格！

## 5. 効率的な学習プラン

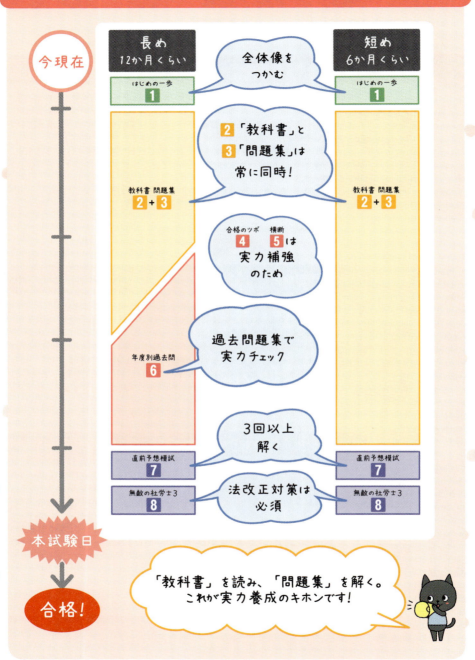

## まとめ

メインの教材は、何より最新の試験傾向及び法改正がきちんと反映されているかどうかを確認して選ぶようにしてください。

できれば過去問を数問ピックアップして、テキストに記載があるかどうか、またその解説等を確認してみるとよいでしょう。

ところで、「サブノートを作ったほうがいいか」という問合せを受けることがあるのですが、サブノートは、特に作る必要はないでしょう。

最初から丁寧にサブノートを作ると、そちらに時間を取られすぎ、問題に取り組む時間がなくなってしまうことが多いからです。

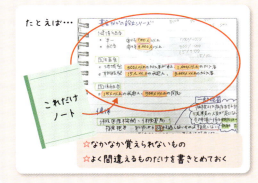

もしノートを作るとしたら、どうしても覚えたいことのみをまとめていくとか、問題集をこなしながら自由に書きつけていくといった、簡単なノートを作ることをオススメします。

33

法律の基礎を理解しましょう!!

# 法律の基礎知識

社労士試験の試験科目は法律です。まずはじめの一歩として、法律とは何か、根本的なところをざっくりと理解しておきましょう。

## 法の体系

法（法規又は広い意味での法律）は、大きく「憲法」「法律」「命令」及び「条例」から構成されています。

まずは順番に憲法からみていきましょう。

### 日本国憲法第98条第1項

この憲法は、国の最高法規であって、その条規に反する法律、命令、詔勅及び国務に関するその他の行為の全部又は一部は、その効力を有しない。

「憲法」とは、国の統治組織や国民の基本的人権などを定める国の基本法で、日本の場合は「日本国憲法」がこれにあたります。
憲法は法体系の中では最高法規に位置しており、法律などのそれより下位の法は、憲法の内容に適合するものでなければなりません。

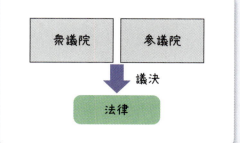

つづいて、法律です。

「法律」とは、衆参両議院の議決を経て制定される法です。「国の唯一の立法機関（憲法第41条）」である国会により制定される法ですので、憲法に次ぐ効力を有しています。

---

「命令」とは、国会の議決を経ずに、行政機関が定める法です。

このうち、内閣が法律を施行するために定めるものを「政令」といい、各大臣が法律や政令を施行するために定めるものを「省令」といいます。

法律の内容との関係でいいますと、これらは、法律に規定されていない、より詳細な内容を規定したものということになります。

---

「条例」とは、地方公共団体（都道府県や市区町村）が、その自主的な立法権に基づいて、法律の範囲内で制定する法で、その地域の中だけで適用されることになります。

## 法の分類

法には「一般法」と「特別法」という分類があります。

その法が適用される領域が特に限定されていない法を「一般法」というのに対し、その法が適用される領域が限定されている法を「特別法」といいます。

たとえば、民法が労使間を含めた「私人間」一般の相互関係を規制している一般法であるとすれば、労働基準法などの労働法は、私人間のうちの「労使間」の相互関係を規制している特別法ということになります。

一般的には、同じ事項について、一般法と特別法とで異なる規定がある場合には、特別法の規定が優先します。

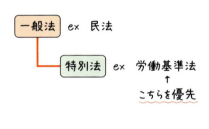

## 法令の構造

次に、法令（法律や命令）の構造を細かくみていきましょう。

法令は、大きく「本則」と「附則」から構成されています。このうち、「本則」とは、法令の主体的部分のことであり、「附則」とは、その法令の施行期日、その法令の施行に伴う経過措置、その法令の施行に伴って必要となる他の法令の改廃措置などを規定した、法令の附帯的部分のことです。

法令の学習は、一般に「本則」の学習が中心ですが、「国民年金法」や「厚生年金保険法」などの年金法では、「附則」が重要な位置を占めることになります。年金法においては、大幅な改正が繰り返し行われ、その度に経過措置が設けられてきたためです。

## 条文の構造

法令は、第1条、第2条……というように、「条文」から構成されています。条文は、その文章が長く、区切りをつける必要がある場合には、第1項、第2項……という具合に、「項」に区分します。また、条文又は項の中において多くの事項を列記する場合には、第1号、第2号……という具合に、「号」を用いて分類します。

### 雇用保険法第10条の例

第十条　失業等給付は、求職者給付、就職促進給付、教育訓練給付及び雇用継続給付とする。　**第1項**

2　求職者給付は、次のとおりとする。　**第2項**
　一　基本手当　← 第1号
　二　技能習得手当　← 第2号
　三　寄宿手当　← 第3号
　四　傷病手当　← 第4号

3　前項の規定にかかわらず、第三十七条の二第一項に規定する高年齢被　**第3項**
　保険者に係る求職者給付は、高年齢求職者給付金とし、第三十八条第一
　項に規定する短期雇用特例被保険者に係る求職者給付は、特例一時金と
　し、第四十三条第一項に規定する日雇労働被保険者に係る求職者給付
　は、日雇労働求職者給付金とする。

4　就職促進給付は、次のとおりとする。　**第4項**
　一　就業促進手当　← 第1号
　二　移転費　← 第2号
　三　求職活動支援費　← 第3号
…

## 通達と判例

法令そのものではありませんが、法令を学習する際にその知識が必要となる事項に「通達」や「判例」があります。

「通達」とは、各大臣、各庁・各局の長などが、その所管の諸機関や職員に伝達した事項をいい、法令の解釈、運用方針、個々の事項に関する上級官庁の見解などがその内容となっています。社労士試験においては、特に「労働基準法」及び「雇用保険法」において通達からの出題が目立ちますので、法令とあわせて学習しておく必要があります。

「判例」とは、過去の裁判において裁判所が示した判断をいいます。社労士本試験では、「労働基準法」などにおいて、主として最高裁判所の判例から出題されることがあります。

# 社労士試験科目の概要

社労士試験では、おもに労働法と社会保険法について学びます。入門講義に入る前に、全体像として、どんな法律を学んでいくのか、ざっとみておきましょう。

## 労働法

### 労働基準法
労働条件の最低基準を定めて労働者を保護する法律です。

### 労働安全衛生法
労働者の職場での安全と健康にかかわる事柄を定めた法律です。

### 労災保険法
万が一職場でケガをしてしまったというときなどのために役立つ規定を定めた法律です。

## 社会保険法

### 健康保険法
普段の生活でのケガや病気のときに医療費負担を軽くするためにある医療保険制度について定めた法律です。

### 国民年金法
全国民共通の基礎年金制度である国民年金について定めた法律です。

失業者に対して生活保障をするための基本手当などについて定めた法律です。

## 労働一般常識

### その他法律
労働組合法
労働契約法
パート・有期労働法
（短時間労働者及び有期雇用労働者雇用管理改善法）
男女雇用機会均等法
育児・介護休業法
最低賃金法
労働施策総合推進法
職業安定法
労働者派遣法
高年齢者雇用安定法
障害者雇用促進法

### 統計データ
雇用の動向
賃金の動向
など

労働組合法や労働契約法など、社労士がかかわる法律について学びます。あとは統計データもこの科目で学びます。

労災保険や雇用保険の保険料徴収について定めた法律です。

会社員や公務員が加入する厚生年金保険制度について定めた法律です。

## 社会保険一般常識

### その他法律
国民健康保険法
船員保険法
高齢者医療確保法
介護保険法
児童手当法
確定拠出年金法
確定給付企業年金法

### 概論
社会保障の概要、沿革・動向

関連するその他社会保険法規や、社会保障制度の沿革などを学びます。厚生労働白書等についてもここで学びます。

39

**入門講義編**

## CHAPTER 0

# 入門講義に
# 入る前に

# 社労士試験で労働法や社会保険法を学習するのはなぜ？

社労士の試験科目は多岐にわたります。なぜ、このように試験科目が多いのでしょうか？ それは、社労士の業務を行うにあたってこれらの法律の知識が必要不可欠だからです。

## 社労士の主な業務

### 労働社会保険手続き業務

**必要な法律知識**

労災保険法、雇用保険法、労働保険徴収法、国民年金法、厚生年金保険法、健康保険法など

### 労務管理の相談指導

**必要な法律知識**

労働基準法、労働契約法、労働組合法、男女雇用機会均等法、育児・介護休業法、パート・有期労働法、労働者派遣法、高年齢者雇用安定法、障害者雇用促進法など

### 年金相談

**必要な法律知識**

国民年金法、厚生年金保険法、確定拠出年金法など

### 紛争解決手続代理業務・補佐人の業務

**必要な法律知識**

労働法、社会保険法全般、社会保険労務士法など

※下線は、それぞれの業務に関連するおもな法律です。

社労士は労働保険・社会保険諸法令の専門家として企業の健全な発達と労働者さらには国民の福祉の向上に資する役割を担っているのです。

## 労働法とは（CHAPTER1～5、9）

　「労働法」とは、どのような法律をいうのでしょう。実は「労働法」という名称がついた法律は存在しません。労働者と使用者の関係から生じる労働問題に関するさまざまな法律をひとくくりにして「労働法」と呼んでいるのです。その中には、労働基準法をはじめ、労働安全衛生法、労災保険法、雇用保険法、労働契約法、男女雇用機会均等法、最低賃金法、労働組合法など多くの法律があります。これらの法律を知り理解することは社労士業務にとっては必要不可欠です。

　労働法を知ることは、労働者自身の権利を守ることにつながります。また、企業も法律を守ることにより労働者が心身ともに健康でモチベーションを維持しながら長く働ける環境を整えることができるのです。その結果、生産性も向上し業績もアップし、さらには企業イメージのアップや優秀な人財の確保にもつながっていくのです。

## 社会保険法とは（CHAPTER6～9）

　みなさんは、「社会保障制度」という言葉を聞いたことがありますか？
　社会保障制度は、国民が健やかで安心できる生活を保障する制度で、社会保険（医療保険、年金保険、介護保険）、公的扶助（生活保護など）、公衆衛生（感染症対策など）、社会福祉（児童福祉、母子家庭の福祉など）の大きく4つの分野に分かれます。

　この中で社労士試験の中心になるのは社会保険です。

**まとめて社会保険法と呼びます**

- 医療保険法⇒健康保険法、船員保険法、共済組合に係る共済各法、国民健康保険法、高齢者医療確保法
- 年金保険法⇒厚生年金保険法、国民年金法
- 介護保険法

　社会保険法は、日常の生活の中で役に立つ知識も多く、「知ってよかった」と実感できる法律といえるでしょう。

# 年金制度機能強化のための改正

　今後の日本の社会・経済の変化を展望すると、人手不足が進行するとともに、健康寿命が延び、中長期的には現役世代の人口の急速な減少が見込まれます。特に高齢者や女性の就業が進み、より多くの人がこれまでよりも長い期間にわたり多様な形で働くようになることが予想されます。こうした社会・経済の変化を年金制度に反映し、長期化する高齢期の経済基盤の充実を図る必要があるため、今般、年金制度の一部が改正されました。主な改正点は①厚生年金保険・健康保険の適用拡大、②在職老齢年金制度の見直し、③在職定時改定の導入、④受給開始時期の選択肢の拡大、⑤確定拠出年金の加入可能要件の見直し等で、令和4年4月1日から順次施行されています。施行された主な項目は以下の通りです。

## 健康保険法・厚生年金保険法

### 短時間労働者に対する社会保険の適用拡大

　短時間労働者について、年金等の保障を手厚くする観点から、厚生年金保険・健康保険の適用拡大が図られました。
　具体的には、令和4年10月から以下の4要件をすべて満たした短時間労働者について、厚生年金保険・健康保険の適用対象としました。
　①1週間の所定労働時間が20時間以上である。
　②1月あたりの報酬が88,000円以上である。
　③学校教育法に規定する学生等でない。
　④厚生年金保険・健康保険に加入している従業員が100人を超える事業所で働いている。
　また、令和6年10月より、④の事業所の範囲は50人超に改正されます。

## 国民年金法・厚生年金保険法

### 受給開始時期の選択肢の拡大

　老齢基礎年金および老齢厚生年金の支給開始年齢は原則65歳です。この支給開始年齢は、受給権者の意思によって60歳に繰り上げたり、あるいは逆に70歳まで繰り下げたりできるようになっています。今回の改正では、高齢期における就労の拡大などを踏まえ、繰下げ支給の上限が75歳または受給権を取得した日から起算して10年を経過するまで引き上げられました。これによって、受給開始年齢は、繰上げ支給も含めて60歳から75歳までとなり、改正前の仕組みよりも5年分拡大されることになりました。

## 厚生年金保険法

### 在職定時改定の導入

　改正前の仕組みでは、老齢厚生年金の受給権を取得した後に就労した場合、退職などにより厚生年金保険の資格を喪失し、1カ月経過すると、受給権を取得した後の厚生年金保険の被保険者期間を加えて再計算することにより、年金額が改定される仕組みとなっています。これを退職時改定といいます。
　今回、就労を継続したことの効果が退職を待たずに速やかに年金額に反映されるように、在職定時改定の仕組みが導入されることになりました。具体的には、65歳以上の老齢厚生年金の在職受給者について、在職中でも年金額を毎年10月に改定し、それまでに納めた保険料を年金額に反映させることになりました。

入門講義編

# CHAPTER 1
# 労働基準法

# 社労士試験で労働基準法を学習するのはなぜ？

　CHAPTER 1から5までは、「労働法」の法律です。まずは、その中心である「労働基準法（以下「労基法」といいます。）」から学習していきましょう。

　企業は、一般に「ヒト」「モノ」「カネ」「情報」などの経営資源を利用しながら経営を行っています。この中で「ヒト」については、他の経営資源が「ヒト」によって生み出されるものであることから、企業にとっては最も重要な経営資源です。「ヒト」は「人材」ではなく「人財」です。その「人財」とかかわる仕事が社労士なのです。優秀な人を確保し、育成し活用する労務管理の業務は企業にとって重要な経営課題です。そしてこれらに関連する法律の中心となるのが労基法なのです。

　労基法は、労働者保護の観点から、労働条件の最低基準を定めています。

### 労基法で規定している主な項目

- 労働者の自由と平等を保障するための規定
- 労働契約の締結、終了
- 賃金
- 労働時間、休憩、休日、年次有給休暇
- 年少者や妊産婦を保護するための規定
- 就業規則

　使用者は労基法を守りながら、労務管理を行っていく必要があります。労務管理の一連の流れは、次ページのようになっています。

## 労務管理の一連の流れ

### 採用
**労基法の規定**
労働条件の明示、労働契約

### 労働者の人権の保護
**労基法の規定**
均等待遇、中間搾取の排除、公民権の行使、男女同一賃金

### 賃金
**労基法の規定**
賃金の支払いに関する原則、休業手当、出来高払いの保障給

### 労働時間・休日
**労基法の規定**
労働時間の原則、休憩時間の原則、週休制の原則

### 時間外・休日労働
**労基法の規定**
非常災害等による時間外・休日労働、36協定による時間外・休日労働、割増賃金

### 変形労働時間制
**労基法の規定**
1箇月単位・1年単位の変形労働時間制、1週間単位の非定型的変形労働時間制、フレックスタイム制

### 柔軟な労働時間制
**労基法の規定**
みなし労働時間制

### 年次有給休暇
**労基法の規定**
年休権の発生要件、年休中の賃金、不利益取扱い禁止

### 女性の労務管理
**労基法の規定**
産休、育児時間、女性の保護規定、生理休暇

### 年少者の労務管理
**労基法の規定**
年少者の労働時間、深夜業の禁止、未成年者との労働契約

### 労働契約の終了
**労基法の規定**
有期労働契約の期間満了、解雇予告、解雇制限

労働基準法はこれらすべてに係る法律なんだね。

労基 Sec 0 社労士試験で労働基準法を学習するのはなぜ？

CHAPTER 1　労働基準法

# Section 1 労働基準法とは？

★Section1はこんな話★

労基法は、適切な労務管理を行うため、**労働条件**についてさまざまなルールを定めています。たとえば、**1日の働く時間**や**休憩・休日**、**賃金の支払い方法**を定め、会社はそれを必ず守らなければなりません。労基法は労働者を救うための法律ですが、会社がこの法律を守ることにより優秀な人財を確保し、生産性の向上や企業業績を上げることにもつながるのです。

労基法違反は、罰金をとられたり、懲役刑になることも！
こうして労基法の効力を確実にしています。

## 1 労基法の目的は？
働く際の最低基準を定めた法律！

　労基法の基本的な理念は、「**労働条件**は、労働者が**人たるに値する生活**を営むための必要を充たすべきものでなければならない」とした労働条件の保障です。また、労基法で定める労働条件の基準は**最低基準**であり、この基準を理由に労働条件を低下させてはならず、その向上を図るように努めなければなりません。

ここでいう労働条件とは、賃金や労働時間など、職場におけるすべての待遇をいいます。

## 2 労基法が適用される事業  労基法はすべての事業に適用！

労基法は原則、すべての事業に適用されます。ただし、**同居の親族**のみを使用する事業や、**お手伝いさん**には、労基法は適用されません。

これは、親族関係にある者の間まで法律が干渉するのは不適当であること、また、お手伝いさんについては職場が一般家庭であるため、私生活に関することまで国が監督するのは適当ではないと考えているからです。

## 3 労基法の登場人物  労働者、使用者の2者の関係をおさえよう！

労基法は労働者と使用者との関係について規定している法律です。そのため、どのような人が労働者または使用者にあたるのかを明確にしておく必要があります。

### Ⅰ 労働者

次の3つの要件をすべて満たすものを労働者といいます。

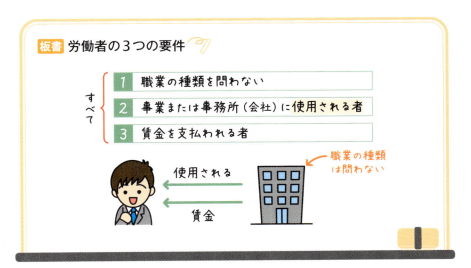

板書 労働者の3つの要件

すべて
1 職業の種類を問わない
2 事業または事務所（会社）に**使用される**者
3 賃金を支払われる者

職業の種類は問わない

## Ⅱ 使用者

次の3つのいずれかに該当するものを使用者といいます。

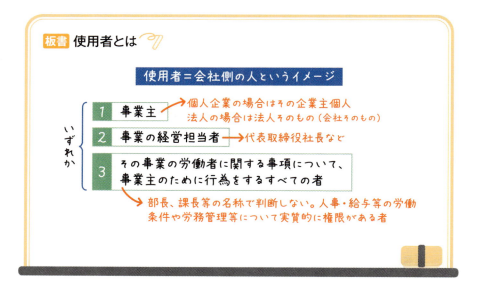

CHAPTER 1 労働基準法

# Section 2 労働契約

## ★Section2はこんな話★

労働契約とは、**労働者が労働し、それに対して使用者が賃金を支払う契約**のことです。契約内容は、契約を結ぶ者同士で**自由**に決めることが大前提です。しかし、一般的に労働者は使用者よりも立場が弱いので、低い労働条件を提示されても、やむを得ず、契約を結ばざるを得ないということも起きてしまうのです。

> そこで、労基法では、労働者が不利にならないよう、労働契約についてさまざまな規定を設けています。

**知っ得！ 労働条件の決定**

労基法では、勤務時間や、残業のあるなし、賃金、休日などの労働条件は、労働者と使用者が、**対等の立場**において決定すべきものであるとしています。

## 1 労基法の基本的性格　労基法の基準へと強制的に修正する仕組み！

労基法は「この法律で定める**基準に達しない**労働条件を定める労働契約は、その部分については**無効**とする。この場合において、無効となった部分は、この法律で定める基準による」と規定しています。

労基法が、労使当事者の意思に関係なく（たとえ労使が合意しても）、その基準に達しない労働条件は無効とするという性格を有していることを宣言したものです（これを強行法規といいます。）。

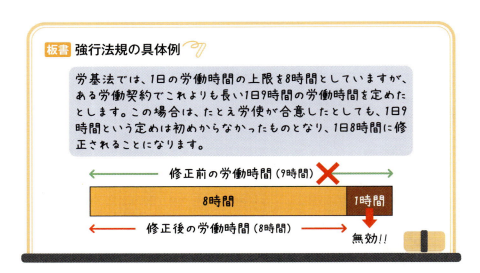

## 2 労働契約の期間 　　　契約期間で注意すべき点は？

労働契約には、契約期間を定めるものと定めないものがあります。

| 期間の定めなし | 一般的には正社員と呼ばれる人です。契約期間を定めていない人は、民法の規定による予告期間（14日）を守る限り、いつでも会社を辞めることができるため、制限は設けられていません。 |
|---|---|
| 期間の定めあり | 一般的には契約社員やパート社員、アルバイトと呼ばれる人です。契約期間を定めている場合、その期間、労働者は会社を辞めることができないため、長期の労働契約を結べば労働者の自由を不当に拘束することになります。そのため契約期間に上限を設けています。 |

### Ⅰ 契約期間の上限

原則、１回の契約期間の長さは**3年**が限度です。ただし、契約の更新は認められているため、結果的に同じ職場に３年を超えて継続して働いている労働者も少なくありません。

### Ⅱ 契約期間の特例

**高度の専門的知識を有する労働者**（博士の学位を有する者、公認会計士、

医師、弁護士、社会保険労務士など）で、**その知識が必要である業務に就く場合**には、1回の契約期間の長さの上限が**5年**に延びます。また、**満60歳以上の労働者**との契約期間についても上限を**5年**としています。

高度の専門的知識がある者は、使用者と対等の立場で労働条件を決めることができるため、1回の契約期間が5年となっても不当な拘束につながるとは考えにくいからです。また、60歳以上の労働者については、雇用安定の観点から規定されたものです。長く働ける方が、労働者にとってもありがたいことかもしれません。

## 3 労働条件の明示　　労働条件を示すルール！

　労働者を雇う際、労働条件を明確にしておかないと、入社後、争いのもとになりかねません。そこで労基法では、労働契約を結ぶ際に、労働条件のうち、一定の事項を明示すべきことを使用者に義務付けています。

　この明示事項には、必ず明示しなければならないもの（「**絶対的明示事項**」といいます。）と、定められている場合には明示しなければならないもの（「**相対的明示事項**」といいます。）があります。

→昇給以外の事項は書面で明示！

| 絶対的明示事項 |
|---|
| ① 労働契約の期間に関する事項（ある、なし。ある場合はその期間） |
| ② 有期労働契約を更新する場合の基準に関する事項（通算契約期間又は更新回数の上限を含む） |
| ③ 就業の場所および従事すべき業務に関する事項（変更の範囲を含む） |
| ④ 始業および終業の時刻、所定労働時間を超える労働の有無、休憩時間、休日、休暇ならびに労働者を2組以上に分けて就業させる場合における就業時転換に関する事項 |
| ⑤ 賃金の決定、計算および支払の方法、賃金の締切および支払の時期ならびに昇給に関する事項 |
| ⑥ 退職に関する事項（解雇する場合の事由は含むが、退職手当は除く） |

**知っ得！　労働条件の明示**

労働条件の明示は、**労働契約を結ぶ際に**明示しなければなりません。また、明示された労働条件が実際と違う場合には、**即時に労働契約を解除すること**ができます。

CHAPTER 1　労働基準法

# Section 3　解雇

★Section3はこんな話★

解雇とは、一般に**使用者から一方的に労働契約を解除**することをいいます。解雇は、労働者にとって生活の糧を失う重大な問題となるため、労基法では、解雇に関するルールを設け、**労働者の保護**を図っています。

「明日から来なくていいです」という
突然の解雇は、許されません！

## 1　解雇制限　　　　　　　　解雇は厳しく規制される！

### Ⅰ　解雇することができない期間（解雇制限期間）

　使用者は、労働者が**仕事によるケガや病気で、療養のため会社を休む期間と治って出勤してから30日間**、また、女性が**産前・産後休業をする期間とその後出勤してから30日間**は、解雇してはならないとされています。これを**解雇制限**といいます。

このような期間中に解雇されても、次の就職先を見つけるのが難しいこと、さらに精神的なショックも大きいことから、労働者を保護するために、解雇することができないようにしているのです。

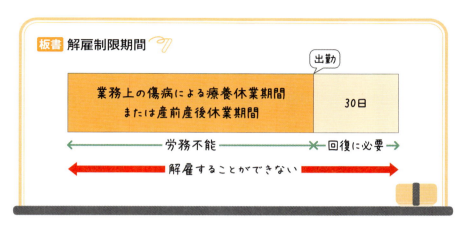

## Ⅱ 解雇制限期間中でも解雇することができる場合

Ⅰの解雇制限期間中であっても、例外的に次のような場合、使用者は労働者を解雇することができます。

### 1 打切補償を支払う場合

仕事によるケガや病気で労働者が療養を開始してから **3年** 経っても治らない場合に、日当（労基法では「**平均賃金**※」といいます。）の **1,200日分** を支払う（「**打切補償**」といいます。）ことによって、療養中でも解雇することができます。

この規定は、長期の療養で労働者が休職している場合、いつまでも労働契約を維持することは使用者にとって酷なため、3年を目途に解雇することができるとしたものです。

※ 「平均賃金」は、直近3カ月の賃金の総額を3カ月の暦日数で割って計算したもので、1日あたりの生活費というイメージです。休日も生活費はかかりますので、労働日数ではなく、暦日数で割ります。ちなみに全従業員の賃金の平均額ではありません。

### 2 地震などの天災によって事業が継続できない場合

地震などの天災のため、経営の継続が不可能となり廃業するような場

合、療養中でも、産前産後休業期間中でも、**行政官庁（労働基準監督署長）の認定**を受ければ解雇することができます。

> 知っ得！ **育児休業中は解雇できるの？**
> 労基法で保護しているのは、産休中とその後30日だけです。育休中については、男女雇用機会均等法（一般常識で学習します。）で保護することになります。

## 2 解雇する場合のルール　解雇予告か解雇予告手当の支払が必要！

### Ⅰ 解雇予告または解雇予告手当の支払

　労働者が解雇され職を失うと、次の職場を見つけるまでには、ある程度の日数が必要です。そのため、使用者は労働者を解雇しようとする場合には、**少なくとも30日前**に**解雇の予告**をしなければなりません。

> 知っ得！ **なぜ30日前なのか？**
> 民法では、期間の定めのない労働契約は、2週間前に予告をすれば、解除することができるとされていますが、解雇は労働者の生活に大きな影響を及ぼすため、労基法ではそれより長い予告期間を設けるように規定されています。

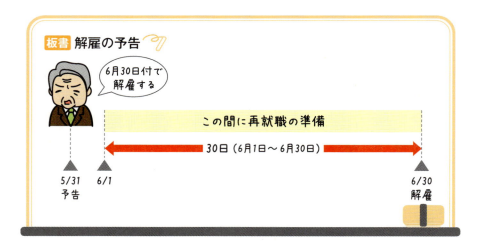

解雇予告の場合、使用者はお金を払う必要はありませんが、予告をしてからも30日間は労働者を使用することになります。そのため、お金はかかっても即日に労働者を解雇したいというケースも出てきます。このような場合には、30日分以上の平均賃金（「**解雇予告手当**」といいます。）を支払えば即日解雇することができます。

　また、解雇予告と解雇予告手当を併用することも可能です。

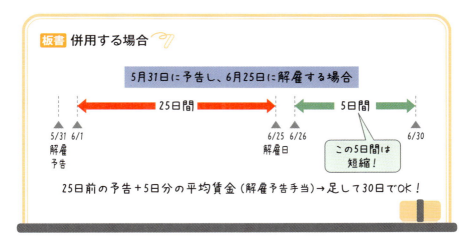

板書　併用する場合

5月31日に予告し、6月25日に解雇する場合

25日間　　　5日間

5/31　6/1　　　6/25　6/26　　6/30
解雇　　　　　解雇日　　　この5日間は
予告　　　　　　　　　　　短縮！

25日前の予告＋5日分の平均賃金（解雇予告手当）→足して30日でOK！

## II 解雇予告または解雇予告手当が不要な場合

　次のような場合には、使用者は解雇予告をせず、または解雇予告手当を支払わなくても労働者を解雇することができます。

① 天災などの事由で経営の継続が不可能となり廃業するような場合
② 労働者の責め（たとえば社内での盗取、横領など）に基づいて解雇する場合

ただし、①②とも労働基準監督署長の認定を受ける必要があります。

## Ⅲ 解雇予告が不要な人

　臨時的に短期間で働く労働者については、解雇予告の規定は適用されません。ただし、形式的に短期の労働契約を繰り返すことによって使用者が解雇予告の義務を免れようとすることを防ぐため、一定の期間を超えて引き続き使用したときは解雇予告が必要となります。具体的には次のとおりです。

| 原則（解雇の予告は不要） | 例外（解雇の予告が必要） |
| --- | --- |
| 日雇労働者 | ➡ 1カ月を超えて引き続き使用 |
| 契約期間が2カ月以内 | ➡ 契約期間を超えて引き続き使用 |
| 季節的な業務で契約期間が4カ月以内<br>例 夏に海の家で働く、冬の除雪作業 | ➡ 契約期間を超えて引き続き使用 |
| 本採用決定をする前の試（こころみ）の使用期間 | ➡ 14日を超えて引き続き使用 |

# Section 4 賃金

CHAPTER 1 労働基準法

★Section4はこんな話★

**賃金**は、労働時間と並んで労働者にとって最も重要な労働条件といえます。そのため、労基法において、**賃金とはどういうものであるかを定義**し、**賃金の支払い**に関してさまざまな保護規定を置いています。

自分の会社のお給料に
あてはめて考えてみよう！

---

**知っ得！** 賃金の定義

「賃金」とは、賃金、給料、手当、賞与その他名称の如何を問わず、労働の対償として使用者が労働者に支払うすべてのものをいいます。

## 1 男女同一賃金の原則

男女で差別しないこと！

使用者は、労働者が**女性であることを理由**として、**賃金**について、男性と差別的取扱いをしてはなりません。

戦前は「男尊女卑」といわれるような封建的な社会でした。そのため、女性の経済的地位の向上を賃金に関する差別待遇の禁止という面から実現しようとしたものです。

## 2 賃金の支払方法に関する規定　賃金を確実に守る規定!

労働者に賃金が確実に支払われるように、賃金の支払方法について次の5つの原則を規定しています。

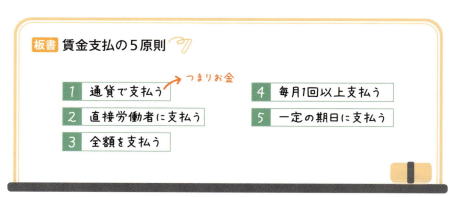

それでは、この5原則をもう少し詳しくみていきましょう。また、それぞれの規定に関して例外も置いていますので、あわせて確認していきます。

### I 通貨で支払う

賃金は**通貨（お金）で支払わなければなりません**。しかし、最近は口座振込みで支払う会社が増えています。このような場合、**労働者の同意**を得れば、口座振込みで支払っても構いませんし、また、デジタル払いも可能とされています。

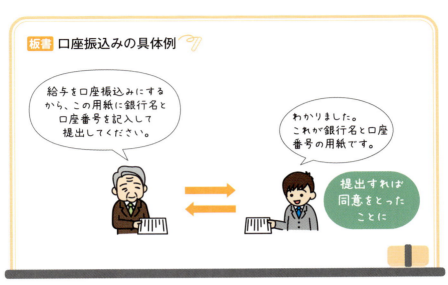

　また、通勤手当などをお金でなく定期券で支給する会社もあります（これを「**現物給付**」といいます。）。このような場合は、労働組合と書面による協定（「**労働協約**」といいます。）を結べば現物で支給しても構いません。

労働組合のない会社の場合、現物給付は認められません。

## Ⅱ 直接労働者に支払う

　賃金は、**直接労働者に支払わなければなりません**。戦前の日本においては、給料日に親が子どもの賃金を受け取りに来たり、職業紹介者が受け取った賃金をピンハネして労働者に渡すようなケースがありました。そこで労基法では、賃金は直接労働者に支払わなければならないという規定を置いたのです。いくら労働者本人の委任状があっても、親などの法定代理人であっても支払うことはできません。
　ただし、例外として労働者の**使者**に支払う場合（病気で本人が受け取りに来られないような場合に家族が受け取るなど）は、労基法に違反しないとさ

れています。

> **知っ得！** 「使者」ってどんな人？
> 代理人であるか使者であるかを区別することは実際には難しい場合が多いですが、本人に支払うのと同一の効果を生じるような者は使者にあたると考えられます。

## Ⅲ 全額を支払う

賃金はその**全額を支払わなければなりません**。ただし、他の法律に定めがある場合や、労使協定※があれば、賃金の一部を控除して支払っても構いません。

> ※ 「労使協定」とは、労働者の過半数が加入している労働組合がある場合はその労働組合、ない場合は労働者の過半数を代表する者との間で結んだ書面による協定のことをいいます。労働協約との違いは、労働組合がない場合にも締結することができることです。

板書 全額払いの具体例

## Ⅳ 毎月1回以上支払う

賃金は**毎月1回以上支払わなければなりません**。ただし、臨時に支払われるもの（私傷病手当や退職金など）や賞与については、毎月1回以上支払う必要はありません。

## Ⅴ 一定の期日に支払う

賃金は臨時に支払われるものや賞与等を除いて、**一定の期日に支払わなければなりません**。

> **板書** 一定期日払いの具体例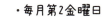
>
> ・毎月25日支払い
> ・月末支払い　→　〇
>
> ・毎月第2金曜日　など　→　✕
>
> （ある月は8日、ある月は14日と、支払日が変動するので、このような決め方は認められません！）

## 3 非常時払（ひじょうじばらい）

いざというときのセーフティネット！

「**非常時払**」とは、労働者や家族が急な出費を必要とするときに、**今まで働いた分の賃金を請求**するというものです。使用者は請求があった場合には、賃金支払日前であっても支払わなければなりません。

**知っ得！　請求できるのは次の費用に限られます！**

出産、疾病（業務上・業務外を問わない）、災害、結婚、死亡、やむを得ない事情で1週間以上帰省する場合の費用です。「今まで働いた分」の賃金を支払えばよいもので、まだ働いていない分については、賃金を支払う必要はありません。

## 4 休業手当　　会社都合の臨時休業は、保障される！

　使用者は、経営難から資金の調達ができず一時的に労働者を自宅待機にするような場合、その間の生活を保障するため「**休業手当**」を支払わなければなりません。

　休業手当の額は、平均賃金の **60%以上** とされています。

**知っ得！ 休業手当を支払う場合**

休業手当を支払わなければならないのは、使用者の都合で労働者を休業させる場合です。

| 休業手当を<br>支払わなければならないケース | 休業手当を<br>支払う必要のないケース |
|---|---|
| ・親工場の経営難から下請工場が資材や資金の獲得ができず休業する場合<br>・金融難、円の急騰による輸出不振など経営難が原因で休業する場合 | ・天災などの不可抗力による休業<br>・使用者の正当な争議行為（作業所閉鎖）による休業<br>・労働安全衛生法の規定による健康診断の結果に基づいた休業<br>・休電による休業 |

CHAPTER 1　労働基準法

# Section 5 労働時間

## ★Section5はこんな話★

皆さんの周りには、毎朝早くに出勤し、帰りは終電というような生活を送っている人はいませんか？　当然、このような長時間労働が続けば**心身ともに大きな負担**となり、**最悪の場合、過労死**を招きかねません。そのため、労基法では、労働者の長時間労働を防ぐために**労働時間**について、いくつかの**決まりごと**を定めています。

> 働きすぎを防止して労働者を保護します！

**知っ得！** 労働時間の定義

労働者が使用者の指揮命令下に置かれている時間をいい、必ずしも働いている必要はありません。たとえば深夜に働く人の仮眠時間も、職場から離れることができず、自由にできない時間であれば労働時間にあたります。

## 1 労働時間の決まりごと　1日の労働時間、1週間の労働時間！

　労基法では、1日の労働時間は休憩時間を除いて原則**8時間以内**、1週間の労働時間は休憩時間を除いて原則**40時間以内**と定められています。これを「**法定労働時間**」といいます。会社が定める1日、1週間の労働時間（これを「**所定労働時間**」といいます。）は、この法定労働時間を守らなければなりません。

65

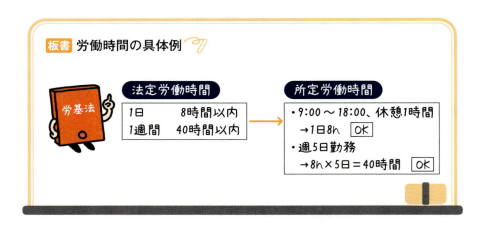

## 2 変形労働時間制

労働時間の枠を柔軟に考える制度！

　遊園地などの職場では、夏休みやゴールデンウィークは忙しく、2月などは暇になります。また事業の種類によっては月初めと月末では業務量に差が出るような場合もあります。このような場合、忙しい時期は長く働いてもらい、逆に暇な時期は労働時間を短くし、平均すれば法定労働時間内に収まるというような働き方を労基法は認めています。これを「**変形労働時間制**」といい、具体的には次の4つの種類があります。

| 1 1箇月単位の変形労働時間制 | 2 1年単位の変形労働時間制 |
| --- | --- |
| 3 1週間単位の非定型的変形労働時間制 | 4 フレックスタイム制 |

 変形労働時間制といっても2つのタイプに分かれます。1 2 3 は会社主体ですが、4 は労働者主体の変形労働時間制です。

### Ⅰ 1箇月単位の変形労働時間制

　「**1箇月単位の変形労働時間制**」とは、1箇月以内の一定期間内で、労働時間を変形（調整）する制度です。1箇月単位の変形労働時間制を

導入する場合、まず、変形期間中（1箇月以内であれば1箇月ちょうどでなくても構いません。）の**法定労働時間の総枠**を計算します。たとえば変形期間が4週間（28日）の場合、総枠は40時間×$\frac{28}{7}$＝160時間となります。4週間で160時間を超えなければ、忙しい日は8時間、忙しい週は40時間を超えても労基法違反にはなりません。

そして、使用者は4週間の総労働時間が160時間を超えないようにして、各日、各週の労働時間を具体的に定めていきます。労働者はその定められた時間を働くことになります。

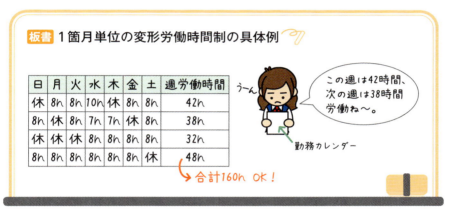

板書 1箇月単位の変形労働時間制の具体例

## Ⅱ 1年単位の変形労働時間制

「**1年単位の変形労働時間制**」とは、考え方は1箇月単位の変形労働時間制と同じですが、変形の対象となる期間が長くなります。たとえば1年ちょうどの変形労働時間制の場合、法定労働時間の総枠は40時間×$\frac{365}{7}$＝2085.7時間となります。1年間で2085.7時間を超えないようにして各日、各週の労働時間を決めていきます。

1年単位の変形労働時間制ですが、変形の対象とする期間は、1年ちょうどにする必要はありません。1箇月を超え1年以内の期間で採用することができます。

## Ⅲ 1週間単位の非定型的変形労働時間制

　飲食店や旅館などの事業では、週末が忙しく、週の真ん中は比較的暇というような業種があります。このような業種では、1週間に40時間を超えなければ、忙しい日は **1日10時間** まで労働させることができます。これが「**1週間単位の非定型的変形労働時間制**」です。

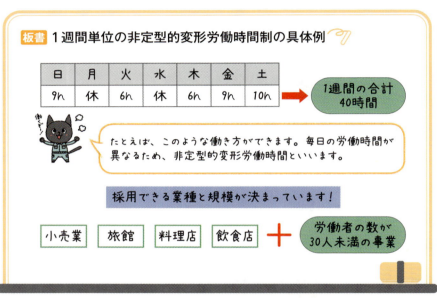

労働者の数が30人以上の事業であれば、業務の繁閑に応じてローテーションが組めるため、変形を採用することはできません。

## Ⅳ フレックスタイム制

　「**フレックスタイム制**」とは、一定の期間の法定労働時間の総枠を計算し、総枠を超えない範囲で、**労働者が出社と退社の時間を自分で決める**というものです。ワーク・ライフ・バランス（仕事と生活の調和）の観点からも注目されている変形労働時間制です。

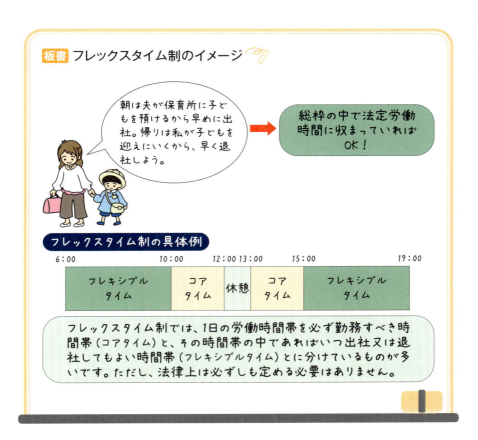

清算期間は3箇月となるため、最大3箇月間の総労働時間の範囲内で労働者の都合に応じた労働時間の調整が可能となります。

清算期間とは、労働者が労働すべき時間を定める期間のことです。

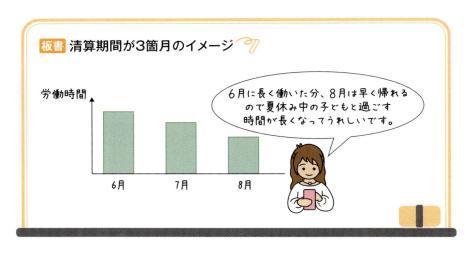

## 3 みなし労働時間制    働き方を労働者にお任せする制度！

「**みなし労働時間制**」とは、実際に労働者が何時間働いたかで労働時間を算定するのではなく、あらかじめ**労使協定などで定められた時間を労働者の実労働時間とみなす**制度で、具体的には、次の3種類があります。

1 事業場外労働に関するみなし労働時間制
2 専門業務型裁量労働制
3 企画業務型裁量労働制

### I 事業場外労働に関するみなし労働時間制

営業職や記事の取材、在宅勤務など社外で働く人は、実際に何時間働いたのかを使用者は把握することができません。このような場合、実労働時間が何時間であっても、原則、**所定労働時間労働したものとみなします**。これが「**事業場外労働に関するみなし労働時間制**」です。ただし、携帯電話等で随時、使用者の指示を受けながら労働している場合は対象としません。

**板書** 事業場外労働に関するみなし労働時間制の具体例

所定労働時間が
7時間の会社
1日中、社外で仕事

→ 原則、所定労働時間（7時間）労働したものとみなす。

**知っ得！** 在宅勤務のみなし労働時間制

パソコン等の情報通信機器を用いて、自宅で仕事をする場合
　①業務が自宅で行われること
　②使用者の指示で常時通信可能な状態にされていないこと
　③使用者の具体的な指示に基づいて仕事をしていないこと
①②③すべてを満たせば、事業場外労働に関するみなし労働時間制は適用されます。

## Ⅱ 専門業務型裁量労働制

　商品開発や情報処理システムの分析、システムコンサルタントなどいわゆる専門的な知識や技術をもった人は、労働時間を拘束せず能力を発揮してもらうことが重要です。そのため労働時間の配分を使用者が決めるのではなく、**労働者の裁量にゆだねます**。これが「**専門業務型裁量労働制**」で、**労使協定で定めた時間を労働した時間とみなします**。

## Ⅲ 企画業務型裁量労働制

　会社の経営状態を分析し、経営計画を策定するような業務を担当している場合、その業務を適切に遂行するためには労働者の裁量にゆだねる必要があります。そのため、労働時間の算定に関しては、**労使委員会※で1日あたりの時間数を決め、その決められた時間を労働した時間とみなします**。これが「**企画業務型裁量労働制**」です。

企画業務型裁量労働制の対象者は業務に必要な知識や経験があることが条件となるため、一般的には管理職が対象となります。

※ 「労使委員会」とは、賃金や労働時間など事業場における労働条件を調査審議し、事業主に対して意見を述べることを目的として作られる委員会で、使用者および労働者を代表する者が委員になります。企画業務型裁量労働制は、この労使委員会が設置された事業場のみ導入することができます。

## 4 高度プロフェッショナル制度 　時間でなく成果で評価される働き方

「高度プロフェッショナル制度」とは、高度の専門的知識等を必要とする業務（金融商品の開発業務、ディーリング業務、アナリストの業務など）に従事し、1年あたりの収入が**1,075万円以上**の労働者を対象に、労使委員会の決議及び労働者の同意を前提として、年間104日以上の休日確保措置等を講ずることにより、労働基準法で定められた労働時間、休憩、休日及び深夜の割増賃金に関する規定を適用しない制度です。

正式名称は「特定高度専門業務・成果型労働制」といいます。

CHAPTER 1　労働基準法

# Section 6 休憩・休日

★Section6はこんな話★

労基法では、労働者の**心身の疲労の回復**や、**労働災害防止**の観点から**休憩・休日の与え方**などについて規定しています。

> 労働時間に応じて
> 休憩時間が決まっています。

## 1 休憩

労働時間が6時間を超えると休憩必要！

### I 休憩時間

労基法は、休憩時間を**労働者の実労働時間に応じて**次のとおり定めています。

板書　休憩時間

| 労働時間が6時間以内 | ⇒ | 与えなくてもよい |
| 労働時間が6時間を超え8時間以内 | ⇒ | 45分以上 |
| 労働時間が8時間を超える | ⇒ | 1時間以上 |

> **知っ得！** 「以上」と「超える」
>
> 一定の数量を基準として、その基準数量を含んでそれより多いという場合に「以上」を用い、その基準数量を含まずに多いという場合に「超える」を用います。たとえば8時間以上という場合、8時間を含みますが、8時間を超えるという場合は、8時間を含みません。したがって労働時間が8時間ちょうどの場合、6時間を超え8時間以内に該当するため休憩時間は45分与えていれば労基法違反にはなりません。

### Ⅱ 休憩の与え方

休憩は**労働時間の途中に与えなければなりません**。一般的にはお昼休みという形で与える会社が多いです。

休憩は原則**一斉に与えなければなりません**。

ただし、労使協定 ➡P.62参照 を結べば交替制で与えることができます。また運輸交通業、商業、接客娯楽業など一部の業種についても、利用客に迷惑がかからないよう交替制を認めています。

休憩時間は、**労働者に自由に利用させなければなりません**。

## 2 休日
*休日の最低基準は週1日！*

休日は、原則、**毎週少なくとも1回**与えなければなりません。例外として、**4週間を通じて4日以上**の休日を与えることも認めています。

## 板書 休日

**原則** 1週1回以上

|  | 日 | 月 | 火 | 水 | 木 | 金 | 土 |
|---|---|---|---|---|---|---|---|
| 第1週 | 休 | | | | | | |
| 第2週 | 休 | | | | | | |
| 第3週 | 休 | | | | | | |
| 第4週 | 休 | | | | | | |

**例外** 4週4日以上

|  | 日 | 月 | 火 | 水 | 木 | 金 | 土 |
|---|---|---|---|---|---|---|---|
| 第1週 | 休 | | | | | | |
| 第2週 | 休 | | | | 休 | | |
| 第3週 | | | | | | | |
| 第4週 | 休 | | | | | | |

毎週少なくとも1回の休日または4週間を通じ4日以上の休日を与えていれば、国民の祝日に労働させても労基法違反にはなりません。

CHAPTER 1　労働基準法

# Section 7　時間外労働・休日労働

★Section7はこんな話★

労基法は、1日および1週間の法定労働時間と原則週1回の休日の確保を規定し、これに違反すれば罰則を適用することになっています。しかし、**非常災害や臨時の受注が入った**など**企業経営上の理由**により、どうしても時間外労働・休日労働をさせなければならないような事態も出てきます。

そこで一定の条件のもと時間外労働・休日労働を認めています。

## 1　時間外労働・休日労働が認められる場合　残業の基本ルール！

時間外労働・休日労働が認められるのは、次の3つの場合です。

**板書　時間外労働・休日労働が認められる場合**

1. 非常災害の場合
2. 公務のため臨時の必要がある場合　→公務員のこと
3. 労使協定を結び労働基準監督署長に届け出た場合

今回は民間企業に適用される 1 と 3 について説明していきます。

76

## 2 非常災害の場合

災害の場合の急な残業はOK！

鉄道会社やガス・電気といったライフラインに係る事業では、地震や台風などの災害によって被害が出た場合、昼夜を問わず復旧作業を行わなければなりません。このように災害等の事由によって臨時の必要がある場合には、使用者は**労働基準監督署長の許可**を受けて、時間外労働・休日労働を行わせることができます。

台風のようなケースでは、進路を予想し、がけ崩れや大雨の対策を採ることができるので、事前に許可を受けることは可能ですが、地震のように予見が難しく事態が急迫しているような場合には、時間外労働等をさせた後に、**事後に遅滞なく届け出**ても構いません。

## 3 労使協定を結び労働基準監督署長に届け出た場合

少しの残業もしっかり届出が必要！

### I 36協定とは

臨時の受注が入った場合や納期が迫っている場合など、企業経営上どうしても時間外労働・休日労働をさせなければならないことが出てきます。このような場合、労使協定 ➡P.62参照 を結び、それを労働基準監督署長に届け出れば、例外的に時間外労働・休日労働が認められます。この規定は、労基法36条に規定されているため、この労使協定を一般に「**36協定（サブロク協定）**」と呼びます。

労基

Sec 7
時間外労働・休日労働

77

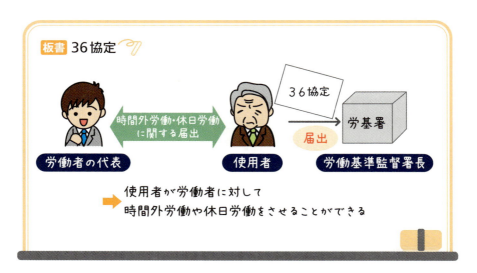

## Ⅱ 時間外労働の限度

　36協定を結べば何時間でも働かせることができてしまうのでは、労働者の健康を害してしまいます。そのため、労基法では、36協定を結ぶときに延長できる時間外労働の**上限**を定めています。また、労働時間の延長や休日労働を適正なものとするため、厚生労働大臣は**指針**を定めることができ、使用者および労働組合または労働者の過半数を代表する者は、36協定を結ぶ際には、この指針に適合するような内容にしなければなりません。

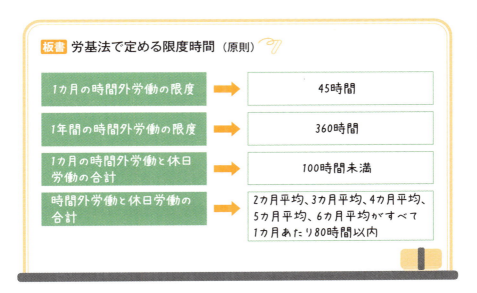

## 4 割増賃金

残業した場合の残業代!

労基法では、時間外労働・休日労働または深夜労働をさせた場合、「**割増賃金**」を支払うことを使用者に義務付けています。

過重な労働に対して金銭で補償すると同時に、使用者に経済的な負担を与えることで長時間労働などを削減させる効果を期待するものです。

知っ得! **深夜業の定義**
午後10時から午前5時までの間に労働させることをいいます。深夜業は体力を消耗するため、法定労働時間内の労働であっても、割増賃金を支払わなければなりません。

79

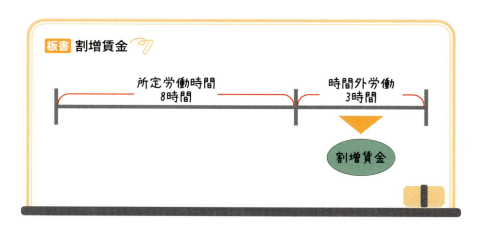

◆ 割増賃金の額は？

　割増賃金の額は、通常の賃金額に次の**割増率**を掛けて計算します。月給制で給与が支払われている場合は、まず時給に換算してから割増賃金の額を計算します。

| 割増賃金発生の対象となる労働 | 割増率 |
|---|---|
| 時間外労働 | 2割5分以上（原則） |
| 休日労働 | 3割5分以上 |
| 深夜労働 | 2割5分以上 |

【3時間分の割増賃金の計算例】

1カ月の賃金32万円、所定労働時間1月160時間、1日8時間
32万円÷160時間＝2,000円（時給）
2,000円×1.25＝2,500円（時給に割増分25％を加えた額）
→　2,500円×3時間＝7,500円

# Section 8 年次有給休暇

CHAPTER 1　労働基準法

## ★Section8はこんな話★

**年次有給休暇**は、一般に「年休」と呼ばれています。年休の目的は、法定の休日のほかに、毎年一定の日数の休暇を与え、労働者の**心身の疲労を回復させること**です。会社の過重労働対策としても重要で、**年休を取得しやすい環境を整えること**が使用者に求められています。

> 年休は1日単位で取ることが原則ですが、半日単位や時間単位の取得もOKです！

## 1 年次有給休暇の取得要件　6カ月以上勤務、出勤率8割以上が条件！

「**年次有給休暇**」（以下「年休」といいます。）は、すべての労働者が取得できるわけではありません。最初の年休は、入社から**6カ月勤務**し、その間の**出勤率が8割以上**である労働者に対して与えられます。つまり出勤率の悪い労働者には年休を与える必要はありません。その後は1年ごとに年休が与えられ、勤続年数が長くなるほど年休の日数は増えていきます。

## 2 年次有給休暇の日数　勤続年数によって決まっています！

年休の日数は、勤続年数によって次のとおりです。

| 勤続年数 | 0.5年 | 1.5年 | 2.5年 | 3.5年 | 4.5年 | 5.5年 | 6.5年以上 |
|---|---|---|---|---|---|---|---|
| 付与日数 | 10 | 11 | 12 | 14 | 16 | 18 | 20 |

> **知っ得！** パートやアルバイトの年休は？
> 
> パートタイマーやアルバイトであっても、6カ月勤務し、所定労働日の8割以上出勤した場合には、年休を与えなければなりません。ただし、年休日数については出勤日数に応じた日数を与えればよく、正社員と同じにする必要はありません。
> ＊出勤日数が週5日以上の場合や、1週間の労働時間が30時間以上の場合は、正社員と同じ日数にしなければなりません。

## 3 年5日の年次有給休暇の確実な取得　1年に5日は必ず取得！

　年次有給休暇は、労働者の心身のリフレッシュを図ることを目的として、原則、労働者が請求する時季に与えることとされています。

　しかし、同僚への気兼ねや請求することへのためらいなどから、取得率が低い現状にあります。このため、平成31年4月から、**年10日以上**の年次有給休暇が付与される労働者に対して、年次有給休暇の日数のうち**年5日**については、使用者が時季を指定して取得させることが義務付けられました。

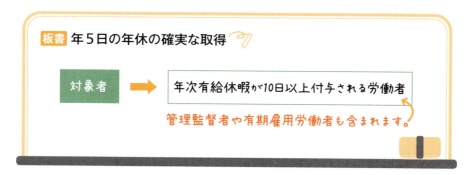

　使用者は、労働者ごとに、年次有給休暇を付与した日（基準日）から**1年以内**に5日について、取得時季を指定して年次有給休暇を取得させなければなりません。また、時季指定にあたっては、あらかじめ年次有給休暇を与えることを明らかにした上で、その時季について労働者の意

見を聴取しなければならず、できる限り労働者の希望に沿った取得時季になるよう、聴取した意見を尊重するように努めなければなりません。

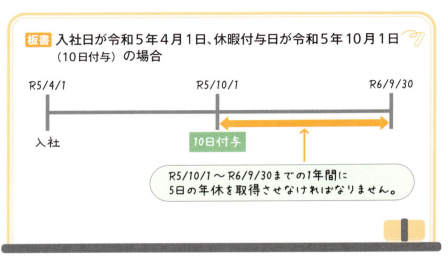

**板書** 入社日が令和5年4月1日、休暇付与日が令和5年10月1日（10日付与）の場合

R5/10/1～R6/9/30までの1年間に5日の年休を取得させなければなりません。

すでに5日以上の年休を請求・取得している労働者には時季を指定する必要はありません。

CHAPTER 1 　労働基準法

# Section 9　年少者

★Section9はこんな話★

労基法では、年少者を保護する観点から、一般の労働者とは異なるさまざまな規定を設けています。保護の考え方は大きく分けると2つです。
1つは、一定の年齢に達しない者の労働を許さないとする労働禁止の規定。
もう1つは、**働かせてもかまわないが、一定の年齢までは心身の発達に悪いので、特別に制限する**というものです。

18歳未満の場合は、なんらかの制限があると
認識しておきましょう！

## 1　年少者の定義

満18歳未満が年少者です！

労基法では、年少者や児童の年齢について次のように定義しています。

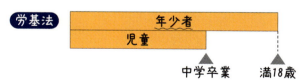

## 2 労働者の最低年齢　義務教育の子どもは働かせてはならない！

　使用者は、児童が**満15歳に達した日以後の最初の3月31日が終了するまで**、つまり中学校を卒業するまで使用してはなりません。

　例外として、新聞配達やタレントのように、児童の**健康や福祉に有害でなく、労働が軽い**ものについては、**労働基準監督署長の許可**をとれば、満13歳以上の児童を使用することができます。子役については満13歳未満の児童も使用することができます。

## 3 年少者の労働時間等の制限　一般の労働者よりも配慮が必要！

　中学校を卒業して働く年少者については、労働時間や深夜労働について一定の制限を設けています。

| 労働時間 | 原則、変形労働時間制や36協定による時間外労働・休日労働は禁止 |
|---|---|
| 深夜労働 | 原則、午後10時から午前5時までは使用禁止 |

85

# Section 10 女性

CHAPTER 1 労働基準法

★Section10はこんな話★

労基法では、**女性の体を保護する観点から、**さまざまな規定を設けています。最近は、**ワーク・ライフ・バランス**という観点からも男女雇用機会均等法や育児介護休業法とあわせて、女性が子育てや親の介護をしながら働き続けることができるような環境を整えることが重要になってきています。

特に妊娠中や産後は、保護規定が多い！
母体の保護や授乳などに配慮しています。

## 1 産前産後の休業

産前、産後に休む期間の定めあり！

　労基法では、**6週間（双子以上は14週間）**以内に出産する予定の女性が休業を**請求**した場合、就業させてはならないと規定しています（請求がなければ就業させても構いません。）。これを「**産前休業**」といいます。

　また、使用者は、**産後8週間**を経過しない女性を就業させてはなりません。これを「**産後休業**」といいます。産後休業は、労働者が請求した場合に休ませるのではなく、強制休業であるのが特徴です。なお、産後6週間を経過した女性から就業したいと**請求**があった場合、医師が支障なしと認めた業務については、就業させても構わないとされています。

妊娠中は、出産直前まで元気で動き回れる女性もいれば、1日のほとんどを寝て過ごさなければならないような女性もいます。このように個人差があるため、産前休業は請求を要件としています。しかし、産後は母体の保護や回復の観点から必ず休業させなければなりません。

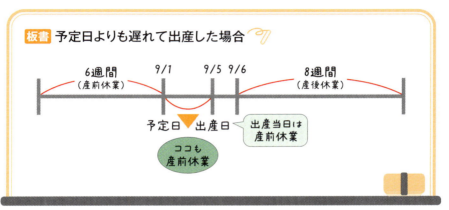

産前休業は予定日を基準に計算し、産後休業は実際の出産日の翌日を基準に計算します。

## 2 妊産婦の労働時間　母体を守るために働く時間を制限！

### I 労働時間の制限

使用者は、1箇月単位の変形労働時間制、1年単位の変形労働時間制、1週間単位の非定型的変形労働時間制を採用していても、妊産婦が**請求**した場合は法定労働時間を超えて働かせることはできません。

ただし、**フレックスタイム制**については出社と退社の時間を労働者が決めるため、このような制限はありません。

> **知っ得！** **妊産婦の定義**
> 「妊産婦」とは、妊娠中の女性および産後1年を経過しない女性をいいます。

## Ⅱ 時間外労働・休日労働・深夜業の制限

使用者は妊産婦が**請求**した場合には、時間外労働や休日労働、深夜業をさせてはなりません。

> 妊産婦の労働時間の規定については、すべて「妊産婦から請求があった場合」にのみ適用されます。これは妊産婦の健康状態や体力には個人差があり、一律に制限することが不適当であるためです。

## 3 他の軽易な業務への転換　妊娠期間中も働き続けやすいように！

1日中立ち仕事をしていたり、外回りの営業をしているような女性の場合、妊娠中にその業務を行うことが難しいケースが出てきます。
そのため、使用者は、妊娠中の女性が**請求**した場合には、仕事を**他の軽い業務に転換させなければなりません**。

## 4 育児時間　　授乳のための時間も労基法で認められる！

**満1歳未満**の子どもを育てる女性は、休憩時間のほかに、**1日2回それぞれ少なくとも30分**、子どもを育てるための時間を**請求**することができます。

> これはもともと、授乳のために必要と考えられたものですが、勤務時間の始めや終わりに請求することもできます。

CHAPTER 1　労働基準法

# Section 11 就業規則

★Section11はこんな話★

学校には校則があり、その内容は生徒手帳に記載されています。職場にも同じように労働者が守らなければならない規則があり、それは**就業規則**に規定されています。このように就業規則は**労働者が働くうえで守らなければならない規律**を定めています。

賃金や労働時間、休日、休憩などの労働条件も就業規則に具体的に規定しているんです！

## 1 就業規則の作成と手続　　会社のルール作りの規定！

　常時**10人以上**の労働者を使用する使用者は、「**就業規則**」を作成し、労働基準監督署長に届け出なければなりません。この10人にはパートタイム労働者なども含まれます。
　また、就業規則を作成又は変更するにあたっては、**労働者の過半数で組織する労働組合があればその労働組合**、そのような労働組合がない場合には**労働者の過半数を代表する者**の意見を聴かなければなりません。

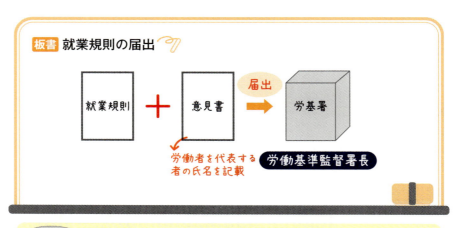

> **知っ得！** 意見を聴けばOK！ 同意は不要
>
> 労基法では労働組合等の意見を聴けばよく、同意を得ることまで要求していません。したがって、反対意見であっても就業規則は有効となります。

## 2 就業規則の記載事項  就業規則の記載事項にもルールあり！

　就業規則には、必ず記載しなければならない事項（「**絶対的必要記載事項**」といいます。）と、その会社に定められているものがあれば記載しなければならない事項（「**相対的必要記載事項**」といいます。）があります。

| 絶対的必要記載事項 |
| --- |
| ① 始業および終業の時刻、休憩時間、休日、休暇ならびに労働者を2組以上に分けて就業させる場合における就業時転換に関する事項 |
| ② 賃金の決定、計算および支払の方法、賃金の締切および支払の時期ならびに昇給に関する事項 |
| ③ 退職に関する事項（解雇する場合の事由は含むが、退職手当は除く） |

> 就業規則は労働者に周知しなければなりません。

## 3 制裁の規定を置く場合 規律違反者の処分についてのルールです！

　職場の秩序を乱したり、規律に違反する行為をする、あるいは会社の信用を失墜させるような行為をした労働者には、厳重注意や減給、自宅謹慎、懲戒解雇などの処分を行う場合があります。これを労基法では「**制裁**」といい、**相対的必要記載事項**として記載しておかなければなりません。

### ◆ 制裁として減給を行う場合

　制裁の1つに、労働者が本来受けるべき賃金の一部を減額する「減給」というものがあります。しかし、あまりに多額の減給を行うと、労働者が生活できなくなってしまうため、労基法では減給の制裁を行う場合には、制限を設けています。

# CHAPTER 1　労働基準法　過去問チェック！

## 問1　Section 1 3

労働基準法の労働者であった者は、失業しても、その後継続して求職活動をしている間は、労働基準法の労働者である。(R4-1A)

## 問2　Section 2 3

労働契約の期間に関する事項は、書面等により明示しなければならないが、期間の定めをしない場合においては期間の明示のしようがないので、この場合においては何ら明示しなくてもよい。(R元-4A)

## 問3　Section 3 1

使用者は、女性労働者が出産予定日より6週間（多胎妊娠の場合にあっては、14週間）前以内であっても、当該労働者が労働基準法第65条に基づく産前の休業を請求しないで就労している場合は、労働基準法第19条による解雇制限を受けない。(R元-4C)

## 問4　Section 4 3

労働基準法第25条により労働者が非常時払を請求しうる事由の1つである「疾病」とは、業務上の疾病・負傷であると業務外のいわゆる私傷病であるとを問わない。

(R4-6ウ)

## 問5　Section 4 4

親会社からのみ資材資金の供給を受けて事業を営む下請工場において、現下の経済情勢から親会社自体が経営難のため資材資金の獲得に支障を来し、下請工場が所要の供給を受けることができず、しかも他よりの獲得もできないため休業した場合、その事由は労働基準法第26条の「使用者の責に帰すべき事由」とはならない。

(R3-4D改題)

## 問6　Section 5 2

労働基準法第32条の4に定めるいわゆる一年単位の変形労働時間制の対象期間は、1か月を超え1年以内であれば、3か月や6か月でもよい。(H28-4C)

92

**問7** Section 8

使用者は、労働基準法第39条第7項の規定により労働者に有給休暇を時季を定めることにより与えるに当たっては、あらかじめ、同項の規定により当該有給休暇を与えることを当該労働者に明らかにした上で、その時季について当該労働者の意見を聴かなければならず、これにより聴取した意見を尊重するよう努めなければならない。(R2-6E)

**問8** Section 9 **2**

労働基準法第56条第1項は、「使用者は、児童が満15歳に達するまで、これを使用してはならない。」と定めている。(H29-7A)

**問9** Section 10 **1**

使用者は、産後8週間（女性が請求した場合において、その者について医師が支障がないと認めた業務に就かせる場合は6週間）を経過しない女性を就業させてはならないが、出産当日は、産前6週間に含まれる。(R3-6C)

**問10** Section 11 **3**

常時10人以上の労働者を使用する使用者は、就業規則に制裁の定めをする場合においては、その種類及び程度に関する事項を必ず記載しなければならず、制裁を定めない場合にはその旨を必ず記載しなければならない。(H30-7C)

解答

**問1** ×　労働基準法の労働者は、①職業の種類を問わず、②事業又は事務所に使用される者で、③賃金を支払われる者の３つの要件をすべて満たすものです。したがって、事業又は事務所に使用されない失業者は労働者に含まれません。

**問2** ×　期間の定めをしない労働契約の場合は、ない旨を明示しなければなりません。

**問3** ○　産前休業は、女性労働者の請求により取得するものですが、その請求をしないで就労している場合は、解雇は制限されません。なお、産前産後休業についてはP86を参照してください。

**問4** ○

**問5** ×　設問の休業は「使用者の責に帰すべき事由」に該当します。

**問6** ○

**問7** ○

**問8** ×　設問の「満15歳に達するまで」は、正しくは「満15歳に達した日以後の最初の３月31日が終了するまで」です。

**問9** ○

**問10** ×　制裁に関する事項は、就業規則の相対的必要記載事項であるため、その定めをしない場合には、就業規則に記載する必要はありません。

# 知っててよかった！ 労働基準法

　ある中小企業の社長さんから相談があった事例です。この会社は4週6休制の休日制度を導入していました。これは完全週休2日制ではなく、週休2日の週の翌週は週休1日という休日制度です。そのため、週休1日の週は1週間の労働時間が40時間を超えてしまい、時間外労働が発生してしまいます。社長さんは、どうにかして時間外労働を削減したいと悩んでいらっしゃったのです。そこで、提案したのが**1年単位の変形労働時間制**でした。1年単位の変形労働時間制は1年の総枠が2,085.7時間を超えなければ、1週間の労働時間が法定労働時間を超えても時間外労働にならず、割増賃金を支払う必要もありません ➡P.67参照 。

　方法は、1年間の勤務カレンダーを作成します。まず、国民の祝日や会社の休日など休む日を決めていきます。残りの日が出勤日になります。その結果、出勤日数が260日となり、1日8時間労働しても8時間×260日＝2,080時間となり、総枠を超えませんでした。

　このように時間外労働の発生を抑えるために1年単位の変形労働時間制を採用する企業もあるのです。

4週間で6日の休日と国民の祝日をあわせると年間105日の休日になりました。残りの260日が出勤日数です。

入門講義編
CHAPTER 2
# 労働安全衛生法

CHAPTER 2　労働安全衛生法

# Section 1 労働安全衛生法とは？

★Section1はこんな話★

労働安全衛生法（以下「安衛法」といいます。）は昭和47年にできた法律です。この頃の日本の経済は高度成長時代で、機械設備の大型化、高速化、新原材料の導入等により、労働災害は増加の一途をたどっていました。安衛法ができる前は、労働者の安全と衛生に関する規定は労基法で定められていましたが、労基法は労働条件の最低基準について定めた法律であり、**労働災害を防止する施策としては不十分**でした。

そこで、労基法から安全と衛生に関する規定を分離・独立し、新たな法律として安衛法が誕生！

## 1 安衛法の目的は？

職場の安全、衛生を守る法律！

　安衛法は、**労働基準法と相まって**、職場における**労働者の安全と健康を確保する**とともに、**快適な職場環境の形成**を促進することを目的としています。

> **知っ得！　労働基準法と相まってとは**
> 安全衛生も労働条件の重要な要素であるため、賃金や労働時間など他の労働条件と一体で改善を図っていく必要があることから、目的の中にこのような規定を置いたのです。

## 2 事業者の責務　　会社側の責務とは？

安衛法には、労働災害を防止するため、次のとおり事業者の責務が定められています。

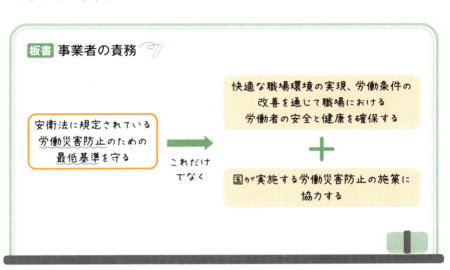

**知っ得！　安衛法における事業者とは**

安衛法では、労基法のように「使用者」という言葉を使わず、「事業者」という言葉を使います。「事業者」とは、「事業を行う者で、労働者を使用するもの」をいいます。たとえば法人企業であれば会社そのもの、個人企業であれば経営者のことを指します。したがって、会社の代表取締役社長などは事業者には含まれないことになります。

## 3 労働者の責務　　労働者側の責務とは？

　安衛法には、事業者だけでなく、労働者が守るべき事項についても次のとおり定められています。

板書 労働者の責務

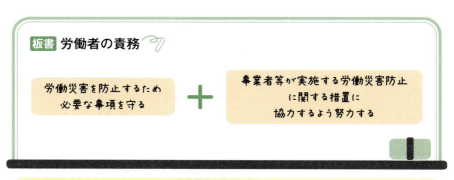

労働災害を防止するため必要な事項を守る　＋　事業者等が実施する労働災害防止に関する措置に協力するよう努力する

知っ得！　**安衛法における労働者とは**
安衛法でいう「労働者」は、労基法の「労働者」と同じです。

# Section 2

CHAPTER 2　労働安全衛生法

# 安全衛生管理体制

★Section2はこんな話★

事業者の自主的な安全衛生活動を制度的に確保するために、安衛法では、**一定規模の事業場ごとおよび建設業等は現場ごとに、安全衛生管理組織の設置**が義務付けられています。

事業場ごとに組織を設置して、
労働災害防止を徹底しています！

## 1 大規模事業場の安全衛生管理体制　大きな会社の組織体制！

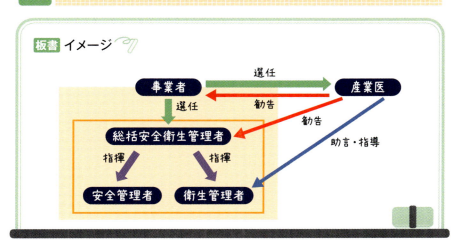

板書イメージ

101

## Ⅰ 総括安全衛生管理者

「**総括安全衛生管理者**」は、事業場において、その事業を**統括管理**する人です。安全管理者や衛生管理者を指揮したり、労働災害を防止するために必要な業務を責任をもって取りまとめる（統括管理する）のが仕事です。総括安全衛生管理者はすべての事業場で選任する義務はなく、業種と労働者の人数によって、次のとおり選任する事業場が決められています。

|   | 業種 | 使用労働者数 |
|---|---|---|
| ① | 林業、鉱業、建設業、運送業および清掃業 | 常時100人以上 |
| ② | 製造業（物の加工業を含む。）、電気業、ガス業、熱供給業、水道業、通信業、各種商品卸売業、家具・建具・じゅう器等卸売業、各種商品小売業、家具・建具・じゅう器小売業、燃料小売業、旅館業、ゴルフ場業、自動車整備業、機械修理業 | 常時300人以上 |
| ③ | その他の業種 | 常時1,000人以上 |

労働者数は会社全体の人数ではなく、それぞれの事業場ごとの人数です。例えば、製鉄会社の場合、製鉄所は製造業、本社はその他の業種となり、それぞれの業種の区分に応じた人数になります。

## Ⅱ 安全管理者

「**安全管理者**」は、総括安全衛生管理者が統括管理する業務のうち、**安全に係る技術的事項**について管理する人です。Ⅰの表①②の業種で、使用労働者数が**常時50人以上**の事業場で選任義務が発生します。

## Ⅲ 衛生管理者

「**衛生管理者**」は、総括安全衛生管理者が統括管理する業務のうち、**衛生に係る技術的事項**について管理する人です。**すべての業種**で、使用労働者数が**常時50人以上**の事業場で選任義務が発生します。

## Ⅳ 産業医

「**産業医**」は、**医師**であり、安衛法で規定されている**労働者の健康管

**理等**を行う人です。労働者の健康管理に関して、事業者や総括安全衛生管理者に**勧告**をしたり、衛生管理者に対して**指導や助言**を行うことができます。**すべての業種**で、使用労働者数が**常時50人以上**の事業場で選任義務が発生します。

**事業者の義務**

産業医を選任した事業者は、産業医に対し、労働時間に関する情報等を提供しなければなりません。

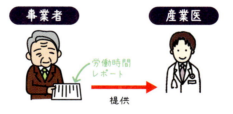

**知っ得！ 中小規模の事業場は？**
安全管理者や衛生管理者の選任が義務付けられていない使用労働者数が常時10人以上50人未満の中小規模の事業場では、安全衛生推進者や衛生推進者を選任しなければなりません。

## 2 大規模現場の安全衛生管理体制　建設現場をイメージしよう！

1の安全衛生管理体制は、全産業共通のものですが、建設業等においては、これに加え、建設現場ごとに安全衛生管理体制を設けなければな

りません。

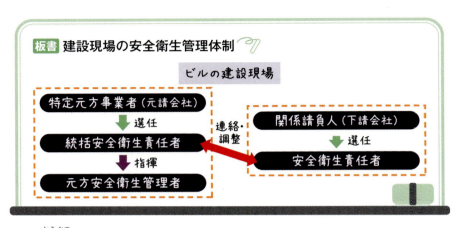

## I 統括安全衛生責任者

「**統括安全衛生責任者**」は、その場所において、その事業の実施を統括管理する人です。元方安全衛生管理者の指揮や、労働災害を防止するために必要な業務を責任をもって取りまとめるのが仕事です。統括安全衛生責任者の選任は、**建設業と造船業**に限定されています。また、建設業や造船業であっても、すべての現場で選任する必要はなく、仕事の区分や労働者の人数によって選任する義務が決められています。

| 仕事の区分 | 従事労働者数 |
| --- | --- |
| ①ずい道等（トンネル工事）の建設の仕事<br>②橋の建設の仕事（一定の場所での仕事に限る。）<br>③圧気工法による作業を行う仕事 | 常時30人以上 |
| 上記以外 | 常時50人以上 |

このような現場は、下請の労働者が混在して作業を行うため労働災害が発生しやすくなります。そのため作業現場における労働災害を防止するため、現場の最高責任者として統括安全衛生責任者を選任するのです。

## Ⅱ 元方安全衛生管理者

統括安全衛生責任者を選任した事業者のうち、**建設業**を行うものは、「**元方安全衛生管理者**」も選任しなければなりません。元方安全衛生管理者は、統括安全衛生責任者が統括管理する事項のうち技術的事項を管理します。

元方安全衛生管理者の選任は、建設業に限られています。建設業は造船業に比べて下請形式も重層的で、統括管理の内容も複雑かつ多岐にわたります。また、使用する設備も仮設のものが多いため、技術的な事項を管理する者として元方安全衛生管理者を選任しなければならないとされているのです。

## Ⅲ 安全衛生責任者

統括安全衛生責任者と元方安全衛生管理者は元請会社で選任しますが、「**安全衛生責任者**」は下請会社で選任します。統括安全衛生責任者との連絡調整係という役割です。安全衛生責任者の選任は、**建設業**と**造船業**で必要です。

## 3 作業主任者　　危険・有害な作業を行う場合に選任！

高圧な室内での作業や、有機溶剤などの化学物質を取り扱う作業については、事業規模に関係なく、作業現場ごとに「**作業主任者**」を選任し、その作業に従事する労働者の指揮を行わなければなりません。

## 4 安全委員会・衛生委員会　　職場の安全衛生に関する会議を行う組織！

「**安全委員会**」や「**衛生委員会**」は、一定規模の事業場に設置義務があります。委員会は、事業者が講じなければならない事業場の安全や衛生対策の推進について、労働者から意見を聴き、労使が話し合って労働災害の防止に取り組むために設置運営されるものです。

# Section 3 機械や危険物・有害物に関する規制

CHAPTER 2 労働安全衛生法

★Section3はこんな話★

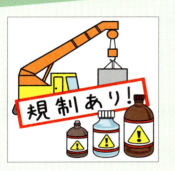

安衛法では、特に危険であったり有害な作業を必要とする機械等について、**労働者の安全を確保する目的でさまざまな規制をしています**。また、危険物・有害物についても、**労働者の健康障害の防止を図る**ための規定をおいています。

チェック体制を整備して
安全に働ける環境を作っています！

## 1 機械に関する規制　　一定の規制あり！

　特に危険な作業を必要とする機械等（「**特定機械等**」といいます。）については、製造する際の**許可**や、製造後における**検査**が義務付けられているなど、強い規制がかけられています。また、特定機械等ほどの危険性はないものの、危険・有害な作業を必要とする機械等（「**42条の機械等**」といいます。）についても、一定の規制がかけられています。

>  知っ得！　**特定機械等とはどのような機械？**
> 特定機械等の種類については安衛法で規定されています。具体的には、ボイラー、第1種圧力容器、つり上げ荷重が3トン以上のクレーン、建設用リフト、ゴンドラなどが該当します。

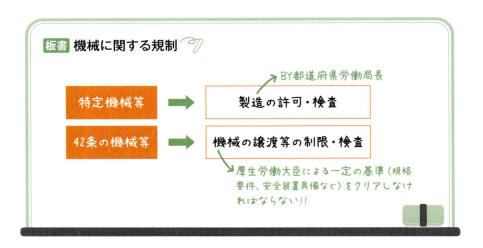

## 2 危険物・有害物に関する規制 危険な薬品などにも規制あり！

　黄りんマッチ、ベンジジン、石綿などの労働者に**重度の健康障害を生ずる物**（「**製造禁止物質**」といいます。）は、製造し、輸入等してはなりません。また、ジクロルベンジジンなどの労働者に**重度の健康障害を生ずるおそれのある物**（「**製造許可物質**」といいます。）を製造しようとするときは、あらかじめ、厚生労働大臣の**許可**を受けなければなりません。

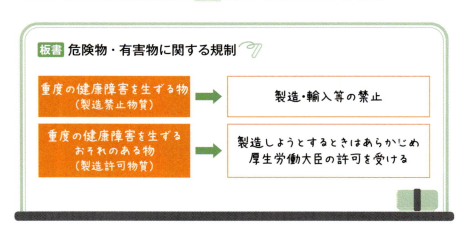

**知っ得！ 製造禁止物質でも製造できる？**

製造禁止物質であっても、試験研究のために製造等する場合は、あらかじめ都道府県労働局長の許可を受けることにより、製造等することができます。

Sec 3 機械や危険物・有害物に関する規制

# Section 4 健康診断・面接指導

CHAPTER 2　労働安全衛生法

★Section4はこんな話★

事業者は、労働者の健康を管理する立場から、**医師による健康診断の実施が義務付けられています**。また、労働者は自己管理に努めるため、**健康診断を受ける義務があります**。さらに、長時間労働による過労死やストレスによる精神疾患を防ぐため、**医師による面接指導**についても安衛法で規定されています。

会社員が受ける健康診断は、
安衛法の規定なんです！

## 1 健康診断とは？

健康診断にも種類がある！

### Ⅰ 健康診断の種類

　健康診断の種類は、大きく次の3種類に分類できます。

板書 健康診断の種類

1 一般健康診断 → 一般の労働者
- ◆雇入れ時の健康診断
- ◆定期健康診断
- ◆特定業務（深夜業など）従事者の健康診断
- ◆6月以上の海外派遣労働者の健康診断
- ◆給食従事者の健康診断

2 特殊健康診断 → 有害業務従事者
- ◆特別の項目についての健康診断
- ◆歯科医師による健康診断

3 その他の健康診断
- ◆臨時の健康診断
- ◆労働者が自発的に行う健康診断

## Ⅱ 健康診断を実施した後の措置

　事業者は、健康診断を実施した後は、労働者に**遅滞なく**健康診断の結果を通知しなければなりません。また、健康診断の項目に**異常の所見**があると診断された労働者に関しては、労働者の健康を保持するために必要な措置について、**医師や歯科医師の意見を聴かなければなりません。**

知っ得！　健康診断を実施した後の措置が重要

事業者は医師等の意見を勘案して、就業場所の変更や作業の転換、労働時間の短縮など適切な措置を講じなければなりません。

## 2 医師による面接指導とは？ 過労死やメンタル不調を未然に防ぐ！

　安衛法で規定されている面接指導は、①**長時間労働者への面接指導**、②ストレスチェックの結果、**ストレスが高いと認められた者への面接指導**、③研究開発業務に従事する労働者への面接指導、④高度プロフェッショナル制度対象労働者 ➡P.72参照 への面接指導があります。それぞれについて詳しくみていきましょう。

### Ⅰ 長時間労働者への面接指導

　近年、長時間労働が原因の過労死が増えています。安衛法ではこれを防ぐため、医師による**面接指導**を事業者に義務付けています。

---

**板書** 面接指導の流れ

1月あたりの時間外労働・休日労働が**80時間**を超え、**疲労の蓄積**が認められる労働者

⬇ 労働者自身から面接指導の申出

医師による面接指導

⬇

事業者は労働者の健康を保持するための措置について医師から意見を聴く

⬇

事業者は医師の意見を勘案し、労働者の実情を考慮して職場の変更や作業の転換、労働時間の短縮などの措置を講じる

---

112

## Ⅱ ストレスの高い労働者への面接指導

職場でのストレスが原因となりうつ病などの精神疾患を発症する労働者が増えています。安衛法では、**常時50人以上**の労働者を使用する事業者に対して、医師や看護師等による「心理的な負担の程度を把握するための検査」（**ストレスチェック**）の実施を義務付けています。

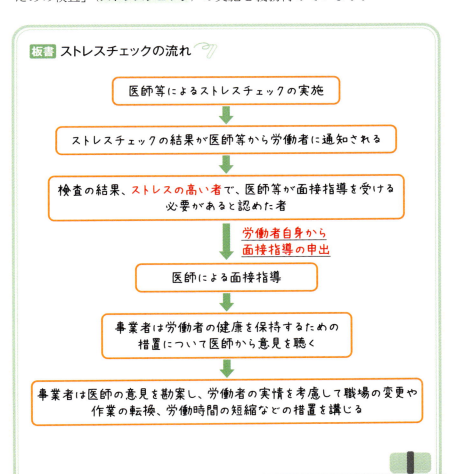

**知っ得！ ストレスチェックは誰が実施するのですか？**

ストレスチェックは、医師、保健師、厚生労働大臣が定める研修を修了した歯科医師、看護師、精神保健福祉士又は公認心理師が行います。

## Ⅲ 研究開発業務に従事する労働者への面接指導

　新たな技術、商品、役務の研究開発に係る業務に従事する労働者で、時間外労働・休日労働が1月当たり**100時間**を超える場合には、事業者は医師による面接指導を行わなければなりません。

この面接指導は、労働者からの申出がなくても行わなければなりません。

## Ⅳ 高度プロフェッショナル制度対象労働者への面接指導

　高度プロフェッショナル制度の対象労働者で、1週間当たりの健康管理時間が40時間を超えた場合における、その超えた時間が1月当たり100時間を超える場合には、事業者は医師による面接指導を行わなければなりません。

健康管理時間とは、事業場の中にいた時間と事業場外で労働した時間の合計時間です。

この面接指導は、労働者からの申出がなくても行わなければなりません。

# CHAPTER 2 労働安全衛生法 過去問チェック！

### 問1 Section 1 2

労働安全衛生法では、「事業者」は、「事業主又は事業の経営担当者その他その事業の労働者に関する事項について、事業主のために行為をするすべての者をいう。」と定義されている。(H26-8ア)

### 問2 Section 2 1

総括安全衛生管理者は、労働安全衛生法施行令で定める業種の事業場の企業全体における労働者数を基準として、企業全体の安全衛生管理を統括管理するために、その選任が義務づけられている。(R3-9ア)

### 問3 Section 2 4

安全委員会及び衛生委員会を設けなければならないとされている場合において、事業者はそれぞれの委員会の設置に代えて、安全衛生委員会を設置することができるが、これは、企業規模が300人以下の場合に限られている。(R4-10C)

### 問4 Section 4 2

常時50人以上の労働者を使用する事業者は、常時使用する労働者に対し、1年以内ごとに1回、定期に、ストレスチェックを行わなければならない。(H30-10A)

安衛

過去問チェック！

115

解答

**問1** ✕　安衛法では「事業者」は、「事業を行う者で、労働者を使用するものをいう。」と定義されています。問題文は労基法の使用者の定義になります。

**問2** ✕　総括安全衛生管理者は、労働安全衛生法施行令で定める業種の事業場の労働者を基準として選任するものであり、企業全体の労働者数を基準として選任するものではありません。なお、事業場とは、工場、事務所、店舗等のように一定の場所において、相関連する組織の下に継続的に行われる作業の一体をいいます。

**問3** ✕　企業規模が300人以下という要件はありません。事業者は、安全委員会及び衛生委員会を設けなければならないときは、企業規模にかかわらず、それぞれの委員会に代えて、安全衛生委員会を設置することができます。

**問4** 〇

# 知っててよかった！ 労働安全衛生法

　労働安全衛生法は一般に「安衛法」という名称で知られています。この法律は、労働災害を防止することを主な目的として昭和47年に成立しました。安衛法は制定以来、それぞれの時点における**職場の安全衛生**に係る状況の変化に対応するため、数回にわたって改正が行われています。

　近年、多くの企業で問題となっているのは、長時間労働や職場の人間関係に起因するメンタルヘルス不調者の増加です。これに関連して**精神疾患による労災認定**も増えています。

　そのため、現在の安衛法では、**長時間労働者への面接指導**や**ストレスチェック**などの規定を定めています。事業者は労働災害を防止するだけでなく、**労働者の健康を確保**するための対策を一層充実させなければなりません。

　労働時間の把握、長時間労働の是正、快適な職場環境作り、産業医との連携強化など、労働基準法と併せて、労働者の心身の健康を保持増進するための対策を積極的に講ずることが求められています。

入門講義編

## CHAPTER 3
# 労災保険法

CHAPTER 3　労災保険法

# Section 1 労災保険法とは？

★Section1はこんな話★

労基法では、労働者が仕事が原因で負傷し、疾病にかかり、また、死亡した場合には、使用者が補償しなければならないという「**災害補償**」の規定を置いています。しかし、使用者に十分な資力がない場合、労働者が補償を受けられないおそれがあります。それを**カバーする**ために制定された法律が労災保険法です。

労災保険法の正式名称は「労働者災害補償保険法」
→労基法規定の「災害補償」を保険すること！

### 知っ得！　労災のひとり歩き現象

労災保険法は制定当初、労基法の災害補償と同一内容、同一水準の補償しか規定されていませんでした。しかし、数度の法改正によって次第に労基法から離れるとともに、独自性を持つようになっていきます。これを「労災のひとり歩き現象」といいます。具体的には特別加入制度、通勤災害の創設、傷病補償年金、介護補償給付、二次健康診断等給付の創設、社会復帰促進等事業、複数業務要因災害に関する保険給付の創設などです。これらの規定は労基法の災害補償には存在しません。つまり、現在の労災保険は、労働者の生活保障、過労死などの予防給付を行うなど社会的保障を行うという側面も持つようになってきています。

## 1 労災保険法の目的は？　労災事故への保険給付を定めた法律！

　労災保険は、仕事や通勤が原因で被災した労働者や遺族に対して**保険給付**を行うだけでなく、複数の会社の仕事が要因となって被災した労働

者に対しても保険給付を行います。また、被災した労働者の**社会復帰**を助ける事業等を行っています。

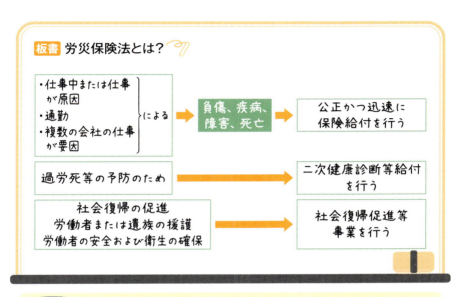

知っ得！　**政府が運営する労災保険**

労災保険は政府（国）が運営しています。労働者は、仕事が原因で負傷した場合などには、政府に対して労災保険の保険給付の請求を行います。そして、労災保険の保険給付がなされたときには、使用者は労基法の災害補償を行う義務を免除されるのです。したがって、労災保険の保険料は使用者（事業主）がその全額を負担します。

## 2　適用事業　　労災保険に加入する事業は？

労災保険においては、**労働者を使用する事業**を「**適用事業**」といい、適用事業は労災保険に強制加入することになります。

## 3　暫定任意適用事業　　当分の間は、任意加入でOK！

労働者を使用する事業であっても、災害発生のおそれが少ない小規模

121

の事業は、労災保険に加入するかどうかを事業主や労働者の意思に任せています。これを「**暫定任意適用事業**」といいます。暫定任意適用事業になるのは、次の1〜3すべての要件を満たした事業です。

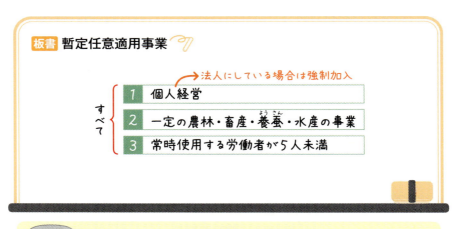

**労災保険に加入申請しなければならない場合**

暫定任意適用事業は、事業主自身に労災保険に加入する意思がなくても、労働者の過半数が加入を希望するときは、加入の申請をしなければなりません。

## 4 労災保険が適用される労働者　すべての労働者が対象！

労災保険の適用を受ける労働者は、**労基法で定める労働者の範囲と同じ**です。そのため、請負により仕事をしている者や自営業者は、原則労災保険の適用を受けません。また、事業主と居住および生計が同じ親族も、原則労災保険の適用を受けません。

アルバイト、パート、日雇労働者などは、1週間の労働日数や1日の労働時間の長さに関係なく、労災保険の適用を受けます。また、派遣労働者は派遣元（派遣会社）が労災保険に加入します。

知っ得！ **副業している場合**
2つ以上の企業で働く労働者を労災保険法では、「複数事業労働者」といいます。

## 5 特別加入制度
社長や自営業者も労災保険で保護！

労災保険の適用を受ける者は、原則労働者ですが、中小事業主や自営業者など作業の実態から労働者と同様に保護することが適当な者については、労災保険に加入することができます。これを**労災保険の「特別加入」**といい、その範囲は現在、海外転勤者などにも広がっています。

特別加入者は、次の3つに区分されています。

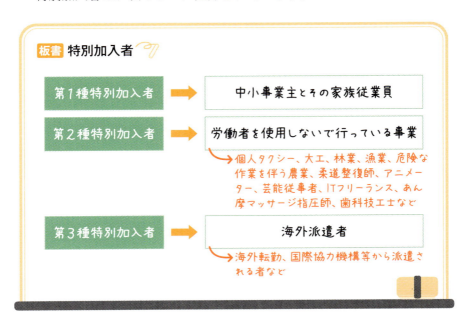

板書 特別加入者

- 第1種特別加入者 → 中小事業主とその家族従業員
- 第2種特別加入者 → 労働者を使用しないで行っている事業
  → 個人タクシー、大工、林業、漁業、危険な作業を伴う農業、柔道整復師、アニメーター、芸能従事者、ITフリーランス、あん摩マッサージ指圧師、歯科技工士など
- 第3種特別加入者 → 海外派遣者
  → 海外転勤、国際協力機構等から派遣される者など

CHAPTER 3　労災保険法

# Section 2 業務災害・通勤災害・複数業務要因災害

★Section2はこんな話★

いわゆる労災事故と呼ばれる事故は、**業務災害と通勤災害**がありますが、令和2年9月1日より**複数業務要因災害**が追加されました。保険給付の対象となる事故であるかどうかの判断は、判断基準に基づいて**労働基準監督署長**が行います。

ここでは、業務災害、通勤災害、複数業務要因災害の定義や判断基準について解説していきます。

## 1　業務災害とは？

仕事が原因のケガや病気！

「**業務災害**」とは、業務が原因となって生じた災害のことですが、実際に業務災害にあたるかどうかの判断が難しいケースもあります。そこで、業務災害の認定にあたっては、①労働災害の発生時に事業主の支配下にあったか否か（「**業務遂行性**」といいます。）、②業務と災害との間に因果関係があったか否か（「**業務起因性**」といいます。）という2つの基準から判断していきます。

**板書** 業務災害の具体例

労働者が作業中に、使用していた機械に挟まれて負傷した
→ 支配下にあった
→ 因果関係があった

↓

業務災害

**知っ得！** 業務上の疾病の場合

過労死やうつ病など、仕事が原因で病気や死亡に至った場合、因果関係を証明することが難しいケースが多くなります。そこで労働基準法施行規則別表第1の2で具体的に病名を挙げ、一定の業務についた事実と該当する病名の発生があれば、業務災害と認定されることになっています。

## 2 通勤災害とは？

通勤が原因のケガや病気！

通勤が原因となって生じた災害について保険給付を行う場合、「通勤」の定義を明確にし、この定義に則った通勤の途中に発生した災害を「**通勤災害**」として認定しています。

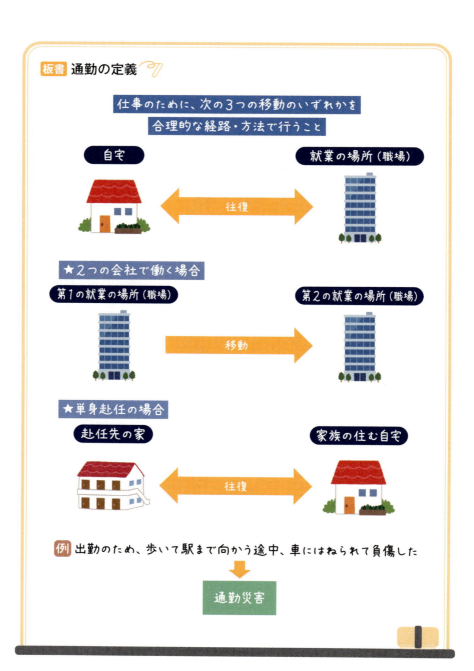

## 3 複数業務要因災害とは？　ダブルワーカーのセーフティネット！

複数の会社で働く労働者の複数の業務が要因となって生じた災害のことを、「複数業務要因災害」といいます。令和2年9月より新設されました。

**板書** 複数の会社の業務が要因となるとは？

社で1週間40時間、社で1週間25時間働いている場合

- 1週間の労働時間の合計は65時間
- 時間外労働は65時間－40時間＝25時間
  → 4週間で時間外労働は100時間になります

（それぞれの事業場では労災認定されない場合でも、合わせることで労災認定されることになります。）

労災認定では、発症前1か月間におおむね100時間を超える時間外労働が認められる場合、業務と脳や心臓の疾患との関連性が強いと評価します。

# Section 3 保険給付の種類

CHAPTER 3　労災保険法

★Section3はこんな話★

保険給付の種類は、大きく、業務災害に関する保険給付、通勤災害に関する保険給付、複数業務要因災害に関する保険給付、過労死の予防を目的とした二次健康診断等給付の4つに分けることができます。

まずは労災の保険給付の全体像を知りましょう！

労災保険の保険給付は、次のとおりです。

| 保険給付の原因 | 業務災害 | 複数業務要因災害 | 通勤災害 |
|---|---|---|---|
| 負傷・疾病の診察、治療、療養 | 療養補償給付 | 複数事業労働者療養給付 | 療養給付 |
| 療養のために会社を休む | 休業補償給付 | 複数事業労働者休業給付 | 休業給付 |
| 負傷・疾病が治らず、かつ重症の場合 | 傷病補償年金 | 複数事業労働者傷病年金 | 傷病年金 |
| 負傷・疾病が治ったが障害が残った場合 | 障害補償給付 | 複数事業労働者障害給付 | 障害給付 |
| 自宅で介護を受ける場合 | 介護補償給付 | 複数事業労働者介護給付 | 介護給付 |
| 死亡した場合の遺族の生活保障 | 遺族補償給付 | 複数事業労働者遺族給付 | 遺族給付 |
| 死亡した場合のお葬式代 | 葬祭料 | 複数事業労働者葬祭給付 | 葬祭給付 |

＋

| 会社の健康診断等で脳・心臓疾患に関する項目に異常の所見があった場合 | 二次健康診断等給付 |
|---|---|

以降、本書では、業務災害に関する保険給付を中心に解説していきます。

# Section 4 傷病に関する保険給付

CHAPTER 3　労災保険法

★Section4はこんな話★

労働者が業務災害で負傷したり疾病にかかった場合、まず**労災病院**や**労災指定の病院**で治療を受けます。その後、療養のため会社を休んだ場合には、**休業補償給付**が、また疾病・負傷が治らず重症の場合には、**傷病補償年金**がもらえます。

病院の治療費も労災で支給します！

## 1　療養補償給付

病院での治療！

業務災害で負傷したり、疾病にかかった場合、労災病院または労災指定の病院で診察を受け治療をしてもらいます。これを「**療養の給付**」といい、即死の場合を除き最初に受ける保険給付となります。

手術や入院、理学療法、薬の支給、災害現場から病院への移送の費用なども対象となります。

◆　労災病院や労災指定病院に行かなかった場合

その地区に労災病院等がないため、労災指定病院以外の病院で治療を受ける場合があります。このように療養の給付を行うことが難しい場合

については、労働者が治療費を立て替え、後日、政府が労働者に対して支払った費用を返還するという制度があります。これを「**療養の費用の支給**」といいます。ただし、この制度はあくまでも例外で、原則は療養の給付で行います。

> **知っ得！ 通勤災害の一部負担金**
>
> 業務災害の場合、労災病院等であれば無料で診察・治療を受けることができます。しかし療養給付（通勤災害の場合）に関しては、一部負担金として原則200円を支払わなければなりません。通勤災害は事業主に労基法で規定する災害補償の責任がないため、業務災害と同じ取扱いにするのは不適当だからです。一部負担金は診察の都度支払う必要はなく、一度支払うだけで構いません。支払方法も労働者に支給される休業給付から引くため、病院の窓口で支払う必要はありません。

## 2 休業補償給付　　　　　　　　　　　　　　　休業期間の補償！

　休業補償給付は、療養のため会社を休み、賃金を受けない場合にもらえるものです。

### I 休業補償給付の額

　休業補償給付の額は、1日あたり**給付基礎日額の60%**となります。給付基礎日額は、労基法の平均賃金と同じ算定方法となります。

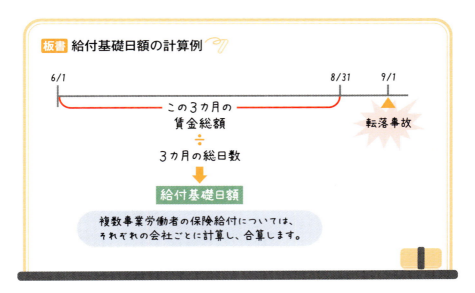

## Ⅱ 支給期間

休業補償給付は、療養のために休んだ最初の日からもらえるのではなく、休んだ**4日目**からもらうことができます。

休業補償給付がもらえない最初の3日間を待期といい、業務災害の場合、待期の3日間は事業主に災害補償の支払い義務があります。

また、退職後も療養のため働くことができない場合には引き続きもらうことができます。

## 3 傷病補償年金　　休業が長期にわたる場合の生活補償！

傷病が重症の場合、長期間にわたって療養を続ける必要があります。このような場合には、1日ごとの補償である休業補償給付から、1年ごとの補償である「**傷病補償年金**」に切り替わることになります。

## I 支給要件

傷病補償年金は、療養を開始した日から**1年6カ月**を経過しても、ケガや病気が**治らず**、かつ障害の程度が**傷病等級の1級から3級に該当**する場合にもらえるものです。

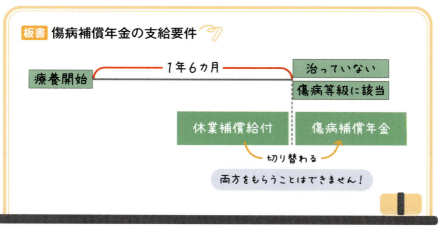

傷病補償年金は、労働基準監督署長が支給の決定を行うため、労働者の請求は不要です。

## II 傷病補償年金の額

傷病補償年金の額は、傷病等級に応じて、次の額とされています。

| 傷病等級 | 傷病補償年金の額 | 障害の状態 |
|---|---|---|
| 第1級 | 給付基礎日額の313日分 | 常時介護を要する状態 |
| 第2級 | 給付基礎日額の277日分 | 随時介護を要する状態 |
| 第3級 | 給付基礎日額の245日分 | 常態として労働不能の状態 |

CHAPTER 3 労災保険法

# Section 5 障害が残った場合の保険給付

## ★Section5はこんな話★

疾病や負傷が治った場合に、障害が残る場合があります。そのときには、**障害の程度に応じて障害補償年金または障害補償一時金**がもらえます。また、**障害補償年金前払一時金や障害補償年金差額一時金**といったものもあります。

> 仕事が原因のケガで障害が残った場合は
> 労災保険が手厚く生活を補償します！

## 1 障害に関する保険給付の種類　障害の程度に応じてバリエーションあり！

板書 障害に関する保険給付の種類

負傷・疾病が治ったが障害が残った
- 軽い障害 → 障害補償一時金
- 重い障害 → 障害補償年金
  - まとまった一時金でほしい → 障害補償年金前払一時金

障害補償年金をもらっていた人が早期に死亡
- 遺族が最低保障額をもらえる → 障害補償年金差額一時金

133

## 2 障害補償給付　　障害が残った場合の生活補償！

「**障害補償年金**」と「**障害補償一時金**」をあわせて「**障害補償給付**」といいます。

労災保険では、障害等級を労働能力の喪失の程度に応じて **1級** から **14級** に区分しており、数字が小さいほど障害の程度は重くなります。この障害等級に応じて、年金か一時金を支給します。

### Ⅰ 障害補償年金

「**障害補償年金**」は、**障害等級が1級から7級**の場合にもらえるものです。

◆ 障害補償年金の額

| 障害等級 | 障害補償年金の額 |
| --- | --- |
| 第1級 | 給付基礎日額の**313日分** |
| 第2級 | 給付基礎日額の277日分 |
| 第3級 | 給付基礎日額の245日分 |
| 第4級 | 給付基礎日額の213日分 |
| 第5級 | 給付基礎日額の184日分 |
| 第6級 | 給付基礎日額の156日分 |
| 第7級 | 給付基礎日額の**131日分** |

### Ⅱ 障害補償年金前払一時金

障害補償年金は、一定の支払期月ごとに支払われることとされていま

すが、障害が残った場合、社会復帰するためにはまとまった一定の資金が必要な場合が出てきます。そこで本来は年金としてもらうべき障害補償年金を、一定の範囲内で一時金として一括してもらうことができる制度を設けています。これを「**障害補償年金前払一時金**」といいます。前払一時金としてもらう場合、原則、障害補償年金の請求と**同時に**請求します。

**Question　いくら請求できますか？**

障害等級に応じて、等級別の最高限度額または給付基礎日額の200日、400日、600日、800日、1,000日、1,200日分のうち、最高限度額の範囲内で請求します。

【等級別の最高限度額（抜粋）】　第1級：給付基礎日額の1,340日
　　　　　　　　　　　　　　～第7級：給付基礎日額の560日

たとえば障害等級が1級の場合は、給付基礎日額の200日、400日、600日、800日、1,000日、1,200日、1,340日分の中から、7級の場合は、給付基礎日額の200日、400日、560日分の中から本人が選択します。

**知っ得！　多く請求する方が得？**

障害補償年金前払一時金をもらうと、その額に達するまで障害補償年金は停止されます。したがって、高額な前払一時金をもらうと、長期に年金が止まることになります。その点を考慮して前払一時金の請求額を決めることが大切です。また、前払一時金は1回限りの請求となります。最初に請求する額では足りなかったとしても、再度請求することはできません。

## Ⅲ 障害補償年金差額一時金

障害補償年金をもらう権利のある人が、早期に死亡し、等級別に設けられた最低保障額（障害補償年金前払一時金の最高限度額と同じ額）をもらっていない場合、死亡した人の一定の遺族は、その差額に相当する額をもらうことができます。これを「**障害補償年金差額一時金**」といいます。

> 板書 障害補償年金差額一時金の額
>
> 例 1級の障害補償年金をもらう権利のある人が、給付基礎日額の1,000日分しかもらわずに死亡
>
> 1,340日（1級の給付額）－1,000日＝340日
>
> → 給付基礎日額の340日分を遺族がもらえる

## Ⅳ 障害補償一時金

「**障害補償一時金**」は、**障害等級が8級から14級**の場合にもらえるものです。障害補償年金に比べ障害の程度が軽い人が対象となります。障害補償一時金は、一時金として1回のみもらえるものなので、障害の程度が重くなったとしても新たな障害補償給付をもらうことはできません。

◆ 障害補償一時金の額

| 障害等級 | 障害補償一時金の額 |
| --- | --- |
| 第8級 | 給付基礎日額の**503日分** |
| 第9級 | 給付基礎日額の391日分 |
| 第10級 | 給付基礎日額の302日分 |
| 第11級 | 給付基礎日額の223日分 |
| 第12級 | 給付基礎日額の156日分 |
| 第13級 | 給付基礎日額の101日分 |
| 第14級 | 給付基礎日額の**56日分** |

# Section 6 死亡に関する保険給付

CHAPTER 3 労災保険法

★Section6はこんな話★

労災保険は、被災した労働者に対して保険給付を行うだけでなく、**残された遺族に対しても保険給付を行っています**。具体的には、業務上の事由により死亡し、死亡した労働者に一定の遺族がいる場合、その遺族に対して**遺族補償給付を行います**。また、それ以外にも、葬式代として葬祭料の支給も行っています。

労働者の死亡後に、残された家族がもらえる給付のお話です。

## 1 死亡に関する保険給付の種類  残された遺族によってバリエーションあり！

```
死亡 ─┬─ 遺族補償給付 ─┬─ 遺族補償年金 ── 遺族補償年金前払一時金
      │                └─ 遺族補償一時金
      └─ 葬祭料
```

## 2 遺族補償年金  残された遺族の生活補償！

　労働者が業務上の事由により死亡した場合に、その者に扶養されていた一定の遺族は「**遺族補償年金**」をもらうことができます。遺族補償年

金は、災害により即死した場合であっても、療養を続けた後に死亡した場合であってももらうことができ、これは、遺族補償一時金においても同様です。

## I 遺族の範囲と優先順位

遺族補償年金をもらうことができる遺族は、次のとおりです。

> **板書 遺族の範囲**
>
> | 配偶者・子・父母・孫・祖父母・兄弟姉妹 | かつ | 死亡の当時、労働者の収入によって生計を維持されていた |
>
> ＊妻以外の人は、労働者の死亡当時の年齢または障害の要件が必要！

遺族補償年金をもらうためには、「労働者の死亡の当時その収入によって生計を維持されていた」という要件が必要となってきます。簡単にいうと労働者に扶養されていたということです。
なお、ここでいう「生計を維持」とは、労働者の収入によって生計の一部が維持されていればよく、生計の全部を労働者の収入によって賄っている必要はありません。そのため、共働きの場合であっても「労働者の収入によって生計を維持されていた」に該当することになります。

遺族補償年金をもらう資格がある人を**受給資格者**といい、その受給資格者の中で最も優先順位の高い人が実際に年金をもらうことができます。この実際に年金をもらう人を**受給権者**といいます。

優先順位は法律で規定されており、次のような順番になります。

| 順位 | 身分 | 年齢・障害 | |
|---|---|---|---|
| ① | 配偶者 | 妻 | 年齢問わず、障害要件問わず |
| | | 夫 | 60歳以上または**一定の障害状態** |
| ② | 子 | 18歳の年度末までにあるかまたは**一定の障害状態** | |
| ③ | 父母 | 60歳以上または**一定の障害状態** | |
| ④ | 孫 | 18歳の年度末までにあるかまたは**一定の障害状態** | |
| ⑤ | 祖父母 | 60歳以上または**一定の障害状態** | |
| ⑥ | 兄弟姉妹 | 18歳の年度末までにあるか若しくは60歳以上または**一定の障害状態** | |
| ⑦ | 夫 | 55歳以上60歳未満（**一定の障害状態**にない） | |
| ⑧ | 父母 | | |
| ⑨ | 祖父母 | | |
| ⑩ | 兄弟姉妹 | | |

→ 原則、障害等級5級以上の障害

**知っ得！ 60歳未満の遺族は注意**

夫、父母、祖父母、兄弟姉妹で55歳以上60歳未満の人（上表の⑦～⑩の人）が受給権者になっても、60歳までは遺族補償年金が停止されます。これは60歳未満の人は生計自立の能力があると考えられているからです。

## Ⅱ 遺族補償年金の額

　遺族補償年金の額は、実際に年金をもらう受給権者とその受給権者と生計を同じくしている受給資格者の人数を合算し、その人数に応じて、年金額が決まる仕組みになっています。

| 遺族の合計数 | 遺族補償年金の額 |
|---|---|
| 1人 | 給付基礎日額の**153日分** |
| 2人 | 給付基礎日額の201日分 |
| 3人 | 給付基礎日額の223日分 |
| 4人以上 | 給付基礎日額の245日分 |

→ 55歳以上の妻または一定の障害状態にある妻の場合は、175日分

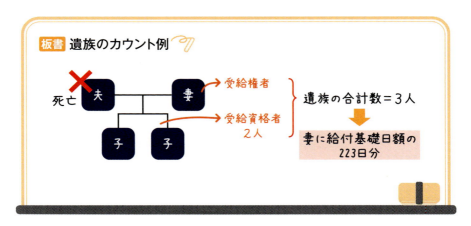

### Ⅲ 遺族補償年金前払一時金

　家庭の大黒柱を失ったことにより、当面の生活費などまとまったお金が必要な場合が出てきます。そこで、障害補償年金と同様に、遺族補償年金についても、一定の範囲内で年金を一時金として一括してもらうことができます。これを「**遺族補償年金前払一時金**」といい、原則、遺族補償年金の請求と**同時に**請求します。

請求額は、給付基礎日額の200日、400日、600日、800日、1,000日分の中から選択した額です。障害補償年金前払一時金と同じく、前払としてもらった額になるまで遺族補償年金は停止されます。

## 3　遺族補償一時金　　年金対象者がいない場合の一時金！

　「**遺族補償一時金**」は、労働者の死亡当時遺族はいたものの、その遺族が年金をもらうための年齢や障害要件を満たさなかったり、生計を維持されていなかった場合に、もらえるものです。

たとえば、労働者が死亡し、残された遺族が19歳の大学生の子1人だった場合、遺族補償年金をもらうことはできません。なぜなら、遺族補償年金の支給の対象となる子は一定の障害状態にない限り、18歳の年度末までの子と規定されているからです。このようなケースでは、子が遺族補償一時金をもらうことになります。

## I 遺族の範囲と優先順位

遺族補償一時金をもらうことができる遺族と、もらえる優先順位は、次のとおりです（②③の順位は記載順）。

| 順位 | 遺族 |
|---|---|
| ① | 配偶者 |
| ② | 労働者の死亡の当時、労働者の収入によって生計を維持していた子・父母・孫・祖父母 |
| ③ | 労働者の死亡の当時、労働者の収入によって生計を維持していなかった子・父母・孫・祖父母 |
| ④ | 兄弟姉妹 |

## II 遺族補償一時金の額

遺族補償一時金の額は、**給付基礎日額の1,000日分**です。

**知っ得！ 差額もある！**

遺族補償年金をもらっていた場合でも、たとえば再婚し年金をもらう権利が消滅した場合に、ほかに年金をもらう遺族がなく、かつ、今までにもらった年金額の合計が給付基礎日額の1,000日分に満たない場合には、給付基礎日額の1,000日分と実際にもらった年金額との差額を遺族補償一時金としてもらうことができます。

## 4 葬祭料

お葬式代として！

労働者が業務上の事由により死亡した場合、葬祭を行う人は、次の額の「**葬祭料**」をもらうことができます。

**板書** 葬祭料の額

315,000円＋給付基礎日額の30日分

給付基礎日額の60日分

いずれか
高い方の額

# Section 7 その他の保険給付

CHAPTER 3　労災保険法

## ★Section7はこんな話★

今まで説明してきた保険給付以外にも、労働者が自宅で介護を受ける場合の**介護補償給付**や、過労死の予防を目的とする**二次健康診断等給付**という保険給付もあります。

> 労基法の災害補償にはない保険給付で、労災保険独自の保険給付です！

## 1 介護補償給付

介護費用も労災でフォロー！

「**介護補償給付**」は、高齢化、核家族化により、家族で充分に介護をすることができない重度の被災労働者に対して支援を行う目的で創設されたものです。

### I 支給要件

介護補償給付は、**障害補償年金**または**傷病補償年金**をもらう権利を有する人が、介護を受けているときにもらえるものです。

> 板書 介護補償給付の支給要件
>
> 1 **障害補償年金**または**傷病補償年金**を受けていること
> 2 常時または随時介護を受ける状態にあること
> 3 現に常時または随時介護を受けていること

知っ得！　介護補償給付がもらえない場合

介護補償給付は、病院等に入院している場合にはもらえません。病院等に入院している場合、家族の介護が不要であること、介護サービスに相当する費用を負担する必要がないからです。介護補償給付は自宅で介護するときに、家族の介護だけでは十分でないため、民間の介護サービス事業者から介護サービスを受けた際、その費用を援助するという性格のものです。

## Ⅱ 介護補償給付の額

　介護補償給付の額は、1月あたり、介護サービス事業者に支払った**実費額**になります。ただし、障害の程度（常時介護・随時介護）に応じて**上限額**が決められており、その上限額を超えた場合は上限額がもらえることになります。

　また、介護サービス事業者に頼まず、家族のみで介護を行っている場合にも家族の介護を金銭で評価するという観点から、介護補償給付がもらえます。

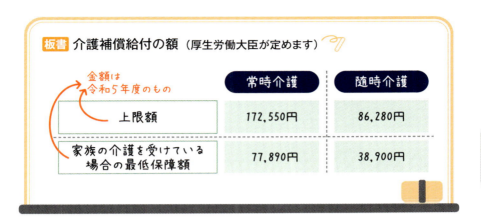

## 2 二次健康診断等給付

過労死を予防するための給付!

「**二次健康診断等給付**」は、脳血管疾患や心臓疾患による「過労死」の発生を予防し、労働者の健康を確保するために創設されたものです。

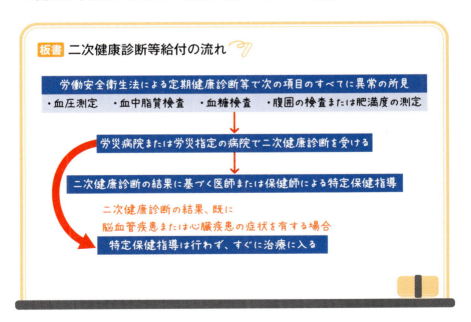

CHAPTER 3　労災保険法

# Section 8　社会復帰促進等事業

★Section8はこんな話★

労災保険は、業務災害、通勤災害、複数業務要因災害に対して保険給付を行うだけでなく、労働者またはその遺族に対して**社会復帰促進等事業**というものを行っています。社会復帰促進等事業は、被災労働者の**円滑な社会復帰を促進**するための事業、被災労働者や遺族に対するさまざまな**援助**、労働者の**安全および衛生を確保**するための事業などを行っています。

労災保険の独自事業です！
労働者やその遺族のサポートに努めています！

## 1　社会復帰促進等事業の種類　保険給付だけではない労災保険の大事な役割！

「**社会復帰促進等事業**」は、大きく次の3つの事業に分けることができます。

この3つの事業の中で、今回は、②の「**被災労働者等援護事業**」について解説していきます。

146

## 2 被災労働者等援護事業

被災労働者のサポート！

「**被災労働者等援護事業**」は、被災した労働者の**療養生活の援護**、**介護の援護**、**遺族の就学の援護**や**資金の貸付**などの事業を行っています。

その中で中心になる事業が「**特別支給金**」の支給です。特別支給金とは、保険給付に上乗せして金銭を支給するもので、これによって被災労働者の療養生活や遺族の生活を援護します。

**板書** 特別支給金と保険給付

|  |  |  | 傷病特別年金 | 障害特別年金<br>または<br>一時金 | 遺族特別年金<br>または<br>一時金 |
|---|---|---|---|---|---|
| 特別支給金 | 休業特別支給金 | 傷病特別支給金 | 障害特別支給金 | 遺族特別支給金 |
| 保険給付 | 休業補償給付 | 傷病補償年金 | 障害補償年金<br>または<br>一時金 | 遺族補償年金<br>または<br>一時金 |

特別支給金は保険給付に上乗せして支給されます。保険給付を1階部分と考えると、特別支給金は2階、3階部分というわけです。

# CHAPTER 3　労災保険法　過去問チェック！

**問1**　Section 1 **4**

試みの使用期間中の者にも労災保険法は適用される。（H30-4オ）

**問2**　Section 2 **2**

外回りの営業担当の労働者が、夕方、得意先に物品を届けて直接帰宅する場合、その得意先が就業の場所に当たる。（R4-5D）

**問3**　Section 3

労災保険の保険給付は、業務災害に対する迅速公正な保護だけでなく、複数業務要因災害や通勤災害に対しても同様な保護をするために行われるものであるが、複数業務要因災害や通勤災害に関しては、業務災害に係る介護補償給付に対応する保険給付は定められていない。（H22-1A改題）

**問4**　Section 4 **1**

療養給付を受ける労働者から一部負担金を徴収する場合には、労働者に支給される休業給付であって最初に支給すべき事由の生じた日に係るものの額から一部負担金の額に相当する額を控除することにより行われる。（R元-5E）

**問5**　Section 5 **1**

同一の負傷又は疾病が再発した場合には、その療養の期間中は、障害補償年金の受給権は消滅する。（H30-6D）

**問6**　Section 6 **3**

遺族補償一時金を受けるべき遺族の順位に関して、労働者の死亡当時その収入によって生計を維持していた父母は、労働者の死亡当時その収入によって生計を維持していなかった配偶者より先順位となる。（R3-6A改題）

**問7** Section 7 **1**

介護補償給付は、月を単位として支給するものとし、その月額は、常時又は随時介護を受ける場合に通常要する費用を考慮して厚生労働大臣が定める額とする。

(H30-2C)

**問8** Section 8 **2**

社会復帰促進等事業は、業務災害を被った労働者に関する事業であり、通勤災害を被った労働者は対象とされていない。(H29-3ア)

解答
───────────────────────────────

**問1** ○ 試みの使用期間中の者は、労働基準法の労働者に該当するので、労災保険法が適用されます。

**問2** ○ 就業の場所（職場）とは、業務を開始し、又は終了する場所をいい、具体的には、本来の業務を行う場所のほか、物品を得意先に届けてその届け先から直接帰宅する場合の物品の届け出先は就業の場所に当たります。

**問3** × 業務災害に係る介護補償給付に対応する複数業務要因災害の保険給付として複数事業労働者介護給付が、通勤災害の保険給付として介護給付が定められています。

**問4** ○ 療養給付（通勤災害）の場合、一部負担金として原則200円を支払わなければなりませんが、診察の都度支払う必要はなく、一度支払うだけで構いません。支払方法も労働者に支給される休業給付から引くため、病院の窓口で支払う必要はありません。

**問5** ○ 障害補償年金は負傷又は疾病が治ゆした場合に支給されるため、再発した場合は受給権は消滅します。

**問6** × 遺族補償一時金を受けることができる遺族の第一順位は配偶者です。したがって、労働者の死亡当時その収入によって生計を維持していた父母は、配偶者より後順位となります。

**問7** ○

**問8** × 社会復帰促進等事業は、業務災害、複数業務要因災害及び通勤災害を被った労働者も対象としています。

# 知っててよかった！労災保険法

　近年、過労死として社会的関心の高い脳血管疾患及び心臓疾患については、「脳・心臓疾患の認定基準」が定められており、当該認定基準に該当する場合は、業務上の疾病として取り扱います。
※業務上の疾病とは、具体的には、脳出血、くも膜下出血、脳梗塞、高血圧性脳症、心筋梗塞、狭心症、心停止（心臓性突然死を含む）、大動脈解離、重篤な心不全が該当します。

### 脳・心臓疾患の認定基準の概要
　次の①②又は③の業務による明らかな過重負荷を受けたことにより発症した脳・心臓疾患は、業務上の疾病として取り扱います。
①発症前おおむね6か月間にわたって著しい疲労の蓄積をもたらす特に過重な業務に就いた
②発症前おおむね1週間において特に過重な業務に就いた
③発症直前から前日までの間に異常な出来事に遭遇した
　疲労の蓄積をもたらす最も重要な要因と考えられる労働時間に着目すると、その時間が長いほど、業務の過重性が増すところであり、具体的には、以下のように判断します。

| 発症前1か月間におおむね100時間を超える時間外労働 | 業務と発症との関連性が強いと評価できる |
|---|---|
| 発症前2か月間〜6か月間にわたって、1か月平均おおむね80時間を超える時間外労働 | |

※　時間外労働時間数は、1週間当たり40時間を超えて労働した時間数

　令和3年9月より認定基準が改正され、上記表の水準には至らなくても、これに近い時間外労働が認められる場合には、そのような時間外労働に加えて一定の労働時間以外の負荷（拘束時間が長い業務、休日のない連続勤務、出張の多い業務など）が認められるときには、業務と発症との関連性が強いと評価できるようになりました。（R4-1A出題）

入門講義編

# CHAPTER 4
# 雇用保険法

# Section 1

CHAPTER 4　雇用保険法

## 雇用保険法とは？

★Section1はこんな話★

皆さんは**失業保険**という言葉を聞いたことがありますか？「会社を辞めて、失業中だから今、失業保険をもらっている」というような話を聞いたことがあるかもしれません。しかし、失業保険というのはあくまでも俗称で、正式には「**雇用保険**」といいます。

雇用保険は、失業中の労働者の生活を支えるために、「基本手当」をはじめとしたさまざまな給付を行っている制度です。

### 1　雇用保険法の目的は？

失業中の生活保障が軸！

　雇用保険は、労働者が失業したときに給付を行うだけでなく、高齢や家族の介護などで働き続けることが難しくなったときに会社を辞めることなく働くことができるよう援助したり、労働者が教育訓練を受けたときにその費用を補てんするための給付も行っています（これらの給付をまとめて「**失業等給付**」といいます。）。また、労働者が育児休業を取得したときに、その休業期間中の収入を補うための「**育児休業給付**」も行っています。雇用保険の中心は、この失業等給付と育児休業給付ですが、そのほかに、事業主に対する**助成金**の支給などの事業（この事業を「**二事業**」といいます。）も行っています。

## 板書 雇用保険法の目的

**労働者が**

- ◆失業
- ◆雇用の継続が困難
- ◆教育訓練を受けた

→ 必要な給付（失業等給付）
- ●労働者の生活と雇用の安定を図る
- ●就職を促進する

- ◆子の養育のための休業

→ 必要な給付（育児休業給付）

- ◆失業の予防
- ◆雇用状態の是正と雇用機会の増大
- ◆能力の開発と向上
- ◆労働者の福祉の増進

→ 助成金など（二事業）
- ●労働者の職業の安定を助ける

---

**政府が運営する雇用保険**

雇用保険は政府が運営しています。政府は、労働者と事業主から雇用保険の保険料を徴収し、労働者が失業などした場合に、保険給付を行います〔実際には、公共職業安定所（ハローワーク）を通じて保険給付が行われます。〕。

**「離職」と「失業」の定義**

「離職」とは、被保険者について、事業主との雇用関係が終了することをいいます。典型的な例が退職ですが、雇用保険に加入していない人が退職しても被保険者でないため「離職」とはいいません。

「失業」とは、被保険者が離職し、労働の意思と能力があるにもかかわらず、職業に就くことができないことをいいます。退職したとしても就職活動をしないなど「労働の意思」がない場合には「失業」とはいいません。

## 2 適用事業　　　　　　　　雇用保険に加入する事業は？

雇用保険では、**労働者を雇用する事業**を「**適用事業**」といい、適用事業は雇用保険に強制加入することになります。

**知っ得！　つまりどういうこと？**
原則、労働者を1人でも雇用する事業は、業種を問わず適用事業となります。

## 3 暫定任意適用事業　　　　　　当分の間は、任意加入でOK！

労働者を雇用する事業であっても個人経営の小規模な事業は、雇用保険に加入するかどうかを事業主や労働者の意思に任せています。これを「**暫定任意適用事業**」といいます。暫定任意適用事業となるのは、次の 1 ～ 3 のすべての要件を満たした事業です。

**板書　暫定任意適用事業**

→法人にしている場合は強制加入

すべて {
1 個人経営
2 農林、畜産、養蚕、水産の事業
3 常時使用する労働者が5人未満
}

**知っ得！　雇用保険に加入申請しなければならない場合**
暫定任意適用事業は、事業主自身に雇用保険に加入する意思がなくても、労働者の2分の1以上が加入を希望するときは、加入の申請をしなければなりません。

## 4 被保険者　雇用保険に加入する労働者は？

雇用保険の適用事業に雇用されている労働者を「**被保険者**」といい、雇用保険に加入することになります。ただし、次に掲げる人は「被保険者」としません。つまり雇用保険には加入しないことになります。

◆ **被保険者とならない人**（原則）

| | |
|---|---|
| ① | 1週間の所定労働時間が20時間未満の人 |
| ② | 継続して31日以上雇用されることが見込まれない人 |
| ③ | 季節労働者で契約期間が4カ月以内の人や、同じく季節労働者で1週間の所定労働時間が20時間以上30時間未満の人 |
| ④ | 学生 |
| ⑤ | 船員で契約期間が1年未満の人 |
| ⑥ | 公務員（地方公務員は承認が必要） |

など

## 5 被保険者の種類　働き方に応じて種類が決まります！

| 被保険者の種類 | 対象者 |
|---|---|
| 一般被保険者 | 高年齢被保険者、短期雇用特例被保険者、日雇労働被保険者に該当しない人 |
| 高年齢被保険者 | 65歳以上の労働者で、短期雇用特例被保険者、日雇労働被保険者に該当しない人 |
| 短期雇用特例被保険者 | 季節労働者で契約期間が4カ月を超え、かつ1週間の所定労働時間が30時間以上の人 |
| 日雇労働被保険者 | 契約期間が1日か、30日以内の期間の人 |

**知っ得！　高年齢被保険者の特例**

令和4年1月から、次の要件を満たした人が公共職業安定所に申出ることにより、特例的に雇用保険に加入することができるようになりました。この申し出により高年齢被保険者となった人を「**特例高年齢被保険者**」といいます。
① 複数の事業所に雇用される65歳以上の労働者
② 2つの事業所の労働時間を合計して、
　　1週間の所定労働時間が20時間以上
③ 2つの事業所のそれぞれの雇用見込みが31日以上

# Section 2 保険給付の種類

CHAPTER 4 雇用保険法

★Section2はこんな話★

雇用保険の保険給付は、大きく**失業等給付**と**育児休業給付**の2つに分かれています。失業等給付はさらに、**求職者給付**、**就職促進給付**、**教育訓練給付**、**雇用継続給付**の4つに大別されます。

まずは失業等給付の
全体像をつかみましょう！

板書 4種類の失業等給付

1　求職者給付
◆失業している人の生活費を保障
→失業等給付の中心的な給付！

2　就職促進給付
◆再就職活動をスムーズに行い、早期の再就職を支援

3　教育訓練給付
◆労働者が自主的に能力開発のため、教育訓練を受けた場合に、支払った費用の一部を援助

4　雇用継続給付
◆60歳以上の人が定年後再雇用などで給与が減額された場合に、減額された分の一部を補てんし、働き続けることを支援
◆労働者が介護休業を取ったため、その間の給与がなくなったり、減額された場合に、生活が困らないよう生活費を補てんし、職場復帰を支援

# Section 3 求職者給付

CHAPTER 4 雇用保険法

★Section3はこんな話★

労働者が失業し再就職活動を行うときの生活保障としてもらえるものが**求職者給付**です。求職者給付は**被保険者の種類**、つまり失業前の働き方によってもらえる給付が異なります。

> まずは、一般被保険者の求職者給付からみていくことにします。

## 1 求職者給付の種類　　7種類あります！

「**求職者給付**」は、被保険者の種類によって次のような給付が行われます。

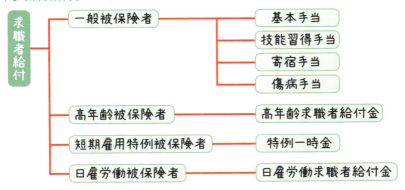

一般被保険者は、他の被保険者に比べて手厚い保障があるんだね。

## 2 一般被保険者に対する求職者給付　メインは基本手当!

### I 基本手当

「**基本手当**」は、**一般被保険者が失業し、一定の要件を満たしたときにもらえるもの**です。基本手当が一般被保険者の求職者給付の中心になります。

#### 1 受給資格

基本手当は、失業したからといって、すべての人がもらえるわけではなく、一定の要件を満たす必要があります。

---

**板書 基本手当の受給資格**

| 1 | 原則、事業主が「資格喪失届」を提出していること |
| 2 | 失業状態にあること |
| 3 | 離職の日以前2年間（算定対象期間といいます）に被保険者期間が通算12カ月以上あること |

↓ 3つの要件すべてを満たした人が…

→ 倒産や解雇など会社都合で離職した人は離職の日以前1年間に被保険者期間が通算6カ月以上でOK

**受給資格者となる** ➡ **基本手当をもらう**

---

被保険者期間は、単に雇用保険に加入していた期間ではなく、離職日から過去にさかのぼって1カ月ごとに区切っていき、その1カ月に給料が支払われた日数が「11日以上」あるとき又は、労働時間が「80時間以上」であるときに「被保険者期間1カ月」とカウントします。

## 2 受給手続

労働者が離職し、基本手当をもらうまでの流れをみていきましょう。

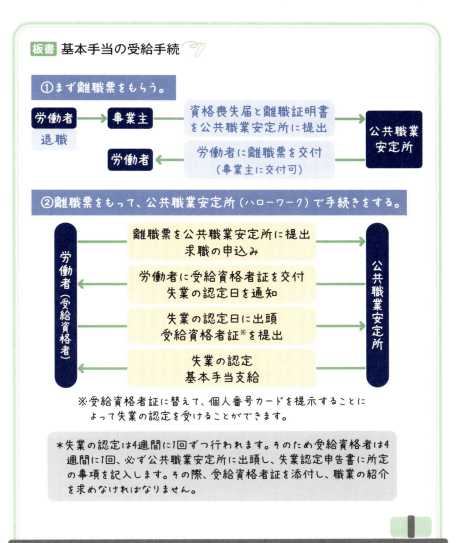

## 3 基本手当の日額と所定給付日数

　基本手当の日額は計算で出していきます。この計算の基になるものは、在職中の**最後の6カ月の賃金総額**です。最後の6カ月の賃金総額を**180**で割り、1日あたりの賃金を算出します。これを「**賃金日額**」といい、基本手当の日額は、この賃金日額の**50％から80％**（60歳以上65歳未満の人については**45％から80％**）になります。

賃金日額＝基本手当の日額とはしません。これは、基本手当はあくまでも一時的な生活保障であり、在職中の賃金を保障するものではないからです。

　基本手当は、再就職先が見つかるまでもらえるものではなく、もらえる日数に上限が設けられています。この上限を「**所定給付日数**」といい、自己都合で辞めた場合と、倒産や解雇など会社都合で辞めた場合とでは日数が異なります。また、障害者など就職が困難な人に対しては日数を多く設定しています。

| 受給資格者の区分 | 所定給付日数 |
| --- | --- |
| 倒産、解雇など | 90日～330日 |
| 自己都合、定年など | 90日～150日 |
| 障害者などの就職困難者 | 150日～360日 |

　所定給付日数は離職理由だけでなく、雇用保険の加入期間によっても日数が異なり、加入期間が長い人ほど所定給付日数は多くなります。

知っ得!　基本手当をもらえる期間
基本手当はもらえる期間も決まっています。これを「受給期間」（原則1年間）といい、この期間を過ぎてしまうと基本手当をもらうことができなくなるので、注意しましょう。

## 4 離職理由による給付制限

　基本手当は離職後、**公共職業安定所に出頭し、求職の申込み**をした日から**7日間**（「**待期**」といいます。）を経過したあと、もらえることになります。しかし、正当な理由がなく自己都合で退職した場合や、労働者が自分の責めになるような重大な理由によって解雇された場合には、支給

が先延ばしされます。これを「**給付制限**」といいます。

### Ⅱ 技能習得手当・寄宿手当

「**技能習得手当**」は、**受給資格者**が、公共職業訓練等を受ける場合にもらえるものです。技能習得手当には、文房具代としてもらえる「**受講手当**」（**1日500円**）と、交通費としてもらえる「**通所手当**」（**月額**）があります。

また、公共職業訓練を受けるために同居している親族と別居する場合には、「**寄宿手当**」（**1月10,700円**）がもらえます。

### Ⅲ 傷病手当

「**傷病手当**」は、**受給資格者**が、離職後に公共職業安定所へ出頭し、求職の申込みをした後に、病気やケガで**継続して15日以上再就職できない場合**にもらえるものです。

基本手当は、働く意思と能力がある人がもらえるもので、病気等で働く能力がない人はもらえません。そのため、病気等で就職できない場合には、基本手当に代えて傷病手当をもらうことになります。

傷病手当の日額は、**基本手当の日額と同額**で、また、傷病手当をもらった場合には、基本手当をもらったとみなされ、所定給付日数は減っていくことになります。

## 3 高年齢被保険者に対する求職者給付 高年齢求職者給付金！

「**高年齢求職者給付金**」は、**高年齢被保険者が失業**した場合にもらえるものです。この給付金をもらうためには、原則、**離職の日以前1年間**に被保険者期間が通算して**6カ月以上必要**です。

高年齢求職者給付金の額は、雇用保険の加入期間によって異なり、加入期間が**1年未満の場合は基本手当の日額の30日分**、**1年以上**の場合は**基本手当の日額の50日分**です。高年齢求職者給付金は、基本手当と異なり、**一時金**でもらえるものです。

## 4 短期雇用特例被保険者に対する求職者給付 特例一時金！

　「特例一時金」は、季節労働者である**短期雇用特例被保険者が失業**した場合にもらえるものです。この給付金も高年齢求職者給付金と同様、原則、**離職の日以前1年間**に被保険者期間が通算して**6カ月以上**なければもらうことはできません。

　特例一時金の額は、当分の間、**基本手当の日額の40日分**です。特例一時金も、高年齢求職者給付金と同様、**一時金**でもらえるものです。

## 5 日雇労働被保険者に対する求職者給付 日雇労働求職者給付金！

　「**日雇労働求職者給付金**」は、**日雇労働被保険者が失業**した場合にもらえるものです。日雇労働求職者給付金は、他の被保険者の求職者給付とはもらい方が異なります。たとえば、今日、日雇いの仕事がないとします。そうすると今日は失業ということになりますので、その日に公共職業安定所に出頭します。もし、その場で公共職業安定所で仕事を紹介してもらえれば、その日は失業でなくなります。しかし、仕事がない場合は手続きをして、その日1日分の日雇労働求職者給付金をもらいます。これを「**普通給付**」といいます。

　普通給付をもらうためには、失業の日の属する月の**前2月間で通算して26日以上**働いていたことが要件です。この要件を満たしているかどうかを確認するのが**日雇労働被保険者手帳**です。日雇労働被保険者手帳には、働いて日当を受け取った日に雇用保険印紙が貼ってあります。その枚数が**26枚以上**あるかどうかで確認します。

**知っ得！　特例給付もある！**
日雇労働求職者給付金には、普通給付以外に、北海道や東北地方など冬に日雇の仕事が少なくなる人がもらえる「特例給付」というものもあります。

CHAPTER 4　雇用保険法

# Section 4　就職促進給付

★Section4はこんな話★

雇用保険では、失業中で求職者給付を受けている人に対して、その**再就職を支援**し、**できるだけ早く就職できるように**するための給付を行っています。これが就職促進給付です。

就職促進給付は、
大きく3種類に分かれます！

## 1 就職促進給付の種類

これらの給付で再就職をサポート！

「就職促進給付」は、「**就業促進手当**」「**移転費**」「**求職活動支援費**」の3つに分けることができます。

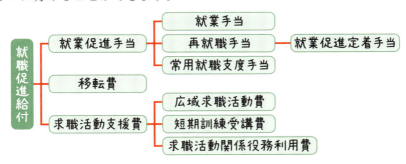

163

## 2 就業促進手当　　就職できた場合のお祝い金！

　就職促進給付のうち、「**就業促進手当**」は、**受給資格者等**が、再就職が決まったときにもらえるもので、次の3種類の手当に分かれます。

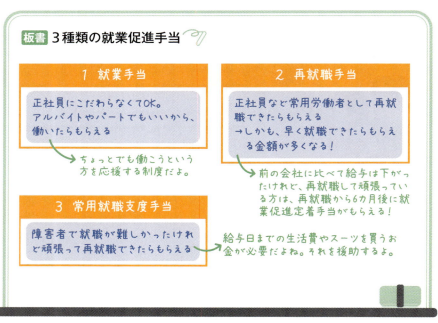

　受給資格者等とは次の人をいいます。

| ① | 受給資格者（基本手当をもらう資格のある人） |
|---|---|
| ② | 高年齢受給資格者（高年齢求職者給付金をもらう資格のある人） |
| ③ | 特例受給資格者（特例一時金をもらう資格のある人） |
| ④ | 日雇受給資格者（日雇労働求職者給付金をもらう資格のある人） |

## 3 移転費　　　　　　　　　　　交通費や引っ越し代！

「**移転費**」は、**受給資格者等**が公共職業安定所等の紹介した会社に就職したり、公共職業訓練を受けるため住所を移した場合に交通費や引っ越し代としてもらえるものです。具体的には、次の6種類があります。

## 4 求職活動支援費

スムーズな就職活動をサポート！

「**求職活動支援費**」は、**受給資格者等**が再就職できるよう、求職活動を支援するためのもので、次の3種類に分けることができます。

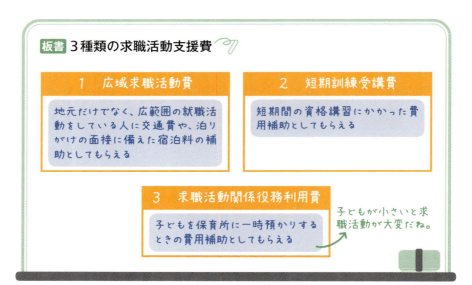

# Section 5 教育訓練給付

CHAPTER 4　雇用保険法

★Section5はこんな話★

教育訓練給付は、一般被保険者や高年齢被保険者が**自主的に能力開発のために専門学校**などで学習した場合、その**費用を補助する**ものです。

教育訓練給付により、資格を取得したり、能力を高めることができれば雇用の安定や再就職の促進につながることになるのです。

## 1 教育訓練給付の種類　　教育訓練の内容によって分かれます！

「**教育訓練給付**」には、「**教育訓練給付金**」と「**教育訓練支援給付金**」の2種類があります。

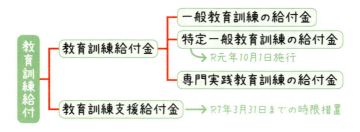

## 2 教育訓練給付金

一般と専門の2種類があります！

### I 一般教育訓練の給付金

「**一般教育訓練の給付金**」は、一般被保険者や高年齢被保険者が厚生労働大臣が指定する教育訓練を受け、修了した場合に受講費（入学料や受講料、キャリア・コンサルティング料）の**20%**（上限額は**10万円**）をキャッシュバックするというものです。

さらに、ITスキルなどのキャリアアップ効果の高い講座を対象とした**特定一般教育訓練の給付金制度**があり、支給額は受講費の**40%**（上限額は**20万円**）です。

> **知っ得！** **教育訓練給付金がもらえる時期**
>
> 一般被保険者や高年齢被保険者でなくなってから1年以内（原則）に訓練を開始するのであれば支給対象になります。つまり退職してから1年以内に教育訓練を受けるのであればOKです。これは、次の専門実践教育訓練の給付金においても同様です。

---

**板書** 一般教育訓練・特定一般教育訓練の給付金の受給要件

> 雇用保険の被保険者期間が3年以上必要
>
> ↳ 初めて教育訓練給付金をもらう場合は、1年以上でOK

---

### II 専門実践教育訓練の給付金

「**専門実践教育訓練の給付金**」は、非正規労働者を中心としたキャリアアップ、キャリアチェンジを支援するためのもので、専門的かつ実践的な教育訓練が対象になります。

一般教育訓練の給付金と同様に厚生労働大臣が指定する教育訓練を受けることが必要ですが、看護師や美容師などの業務独占資格を取るための学校や専門職大学院での勉強など就職の可能性が高く、その仕事に就くうえで必要とされる資格を取ることを目的としています。

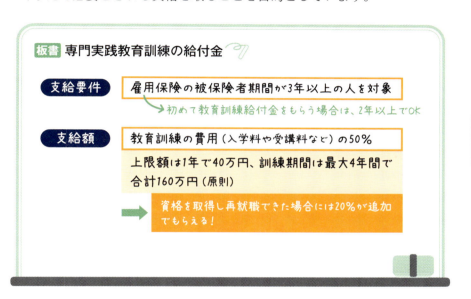

## 3 教育訓練支援給付金

教育訓練受講中の生活費!

　「**教育訓練支援給付金**」は、会社を退職し、専門実践教育訓練を受講している若い人が、生活に困らないよう生活費を補てんし、教育訓練を受けやすくするためのものです。

　対象となる人は、専門実践教育訓練を開始した日において**45歳未満**の失業者で、基本手当をもらうことができない人です。支給額は、1日あたり基本手当の日額の**80%**で、教育訓練を受けている日にもらえます。ただし、この給付金は**令和7年3月31日までの暫定的なもの**になります。

CHAPTER 4　雇用保険法

# Section 6　雇用継続給付

★Section6はこんな話★

雇用継続給付は定年後の再雇用などにより**給与が下がった場合に、減額分を補てんしたり、介護休業の終了時に給付金を支給することで、退職せずに働き続けることができるよう支援するもの**です。

> つまり、離職せずに雇用継続してもらうために支給するもので、
> 名称もその名のとおり、雇用継続給付といいます。

## 1　雇用継続給付の種類　安心して働き続けられるようサポートします！

「**雇用継続給付**」は、次の2つに大きく分けることができます。

## 2 高年齢雇用継続給付　60歳以降も働き続ける人をサポートします！

### I 高年齢雇用継続基本給付金

　高年齢雇用継続給付のうち、「**高年齢雇用継続基本給付金**」は、雇用保険の加入期間が**5年以上**ある被保険者が、60歳以降に基本手当をもらうことなく働いている場合に、その賃金が、60歳時点の賃金に比べて**75％未満**に下がったときにもらえるものです。

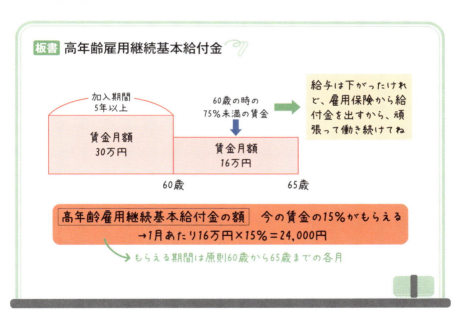

### II 高年齢再就職給付金

　高年齢雇用継続給付のうち、「**高年齢再就職給付金**」は、基本手当をもらったことがある人が、60歳以後に再就職した場合において、再就職先の賃金が前の会社の賃金に比べて**75％未満**に下がったときにもらえるものです。ただし、離職したときに雇用保険の加入期間が**5年以上**あ

ることが必要です。

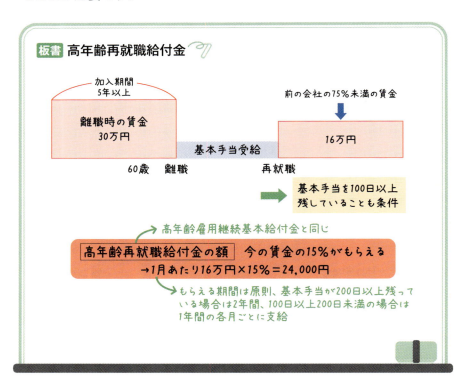

## 3 介護休業給付（介護休業給付金） 介護休業中のサポート！

「**介護休業給付金**」は、労働者の介護休業を取得しやすくするとともに、介護休業期間中の生活費を補てんすることにより、介護離職を防ぐことを目的とするものです。

### I 支給要件

「**介護休業給付金**」は、**一般被保険者や高年齢被保険者**が、家族※を介護するために休業したときに、介護休業終了後に一括してもらうことができます。ただし、**介護休業を開始した日前2年間**に雇用保険の被保

険者期間が通算して **12カ月以上**必要です。

> ※　家族の範囲は、配偶者（内縁関係含む）、父母、子、祖父母、兄弟姉妹、孫、配偶者の父母で、同居や扶養の要件はありません。

## II 介護休業給付金の額

　介護休業給付金の額は、介護休業開始時の賃金月額の **67%** です。支給期間は3カ月ですが、介護休業を複数回に分けて取る場合は通算して **93日** が限度となります。

**取りやすくなった介護休業!?**

介護休業は連続して取る必要はなく、複数回に分けて取ることも可能です（3回が上限）。その場合、通算して93日が限度となります。介護離職を防止し、仕事と介護を両立しやすくするための施策として設けられました。

CHAPTER 4　雇用保険法

## Section 7　育児休業給付

★Section7はこんな話★

**育児休業給付**は、育児休業中に給与が下がったり、無給になった労働者が、退職せずに働き続けることができるよう支援するものです。育児休業を取得する人の増加に伴い、育児休業給付の給付総額は年々増加しており、**次世代育成**の観点からも失業等給付と並んで重要な保険給付といえます。

育児休業給付として支給される給付には「育児休業給付金」と「出生時育児休業給付金」があります。

### 1　育児休業給付（育児休業給付金）　育休中のサポート！

「**育児休業給付金**」は、労働者の育児休業を取得しやすくするとともに、子育て中も会社を辞めずに継続して働けるように援助・促進することを目的とするものです。

#### Ⅰ　支給要件

育児休業給付金は、**一般被保険者や高年齢被保険者**が、**1歳未満の子**※について育児休業したときに、育児休業期間中に**各月ごとに**もらうことができます。ただし、**育児休業（2回以上育児休業をした場合は、初回の育児休業）を開始した日前2年間**に雇用保険の被保険者期間（➡P.158ネコのふきだし参照）が通算して**12カ月以上**必要です。

**知っ得！** 育児休業給付金の支給要件の特例

育児休業給付金は育児休業を開始した日前2年間に被保険者期間が12カ月以上あることが必要ですが、この要件を満たさないケースでも、産前休業の開始日前2年間に被保険者期間が12カ月以上あれば、支給要件を満たすものとされます。

※ 両親ともに育児休業を取る場合は、子が1歳2カ月になるまで、また、保育所に空きがなく待機中の場合は子が2歳になるまで育児休業が取れるため、その間、育児休業給付金がもらえます。また、産後パパ育休 ➡P.178参照 を取得した場合には、出生時育児休業給付金がもらえます。

## Ⅱ 育児休業給付金の額

| | |
|---|---|
| 育児休業開始日から180日間 | 育児休業開始時の賃金月額の67% |
| 181日目以降 | 育児休業開始時の賃金月額の50% |

**知っ得！** 育児休業給付はどこまでもらえる？

子どもは実子や養子など法律上の子だけとは限りません。養子縁組里親に委託されている子なども対象になります。65歳以上の高年齢被保険者が育児休業を取るだろうかと疑問に思う人がいるかもしれませんが、養子などの子を育てるケースもあるため、このような場合にも育児休業給付金や出生時育児休業給付金がもらえるのです。

# CHAPTER 4　雇用保険法　過去問チェック！

**問1**　Section 1 **4**
船員法第1条に規定する船員であって、漁船に乗り組むため雇用される者であっても、雇用保険法が適用される場合がある。(H25-1E)

**問2**　Section 2
失業等給付は、求職者給付、教育訓練給付及び雇用継続給付の3つである。(H22-7B)

**問3**　Section 3 **2**
疾病又は負傷のため職業に就くことができない状態が当該受給資格に係る離職前から継続している場合には、他の要件を満たす限り傷病手当が支給される。(R2-4A)

**問4**　Section 3 **2**
基本手当の日額の算定に用いる賃金日額の計算に当たり算入される賃金は、原則として、算定対象期間において被保険者期間として計算された最後の3か月間に支払われたものに限られる。(R元-2イ)

**問5**　Section 4 **3**
移転費は、受給資格者が公共職業安定所の紹介した職業に就くため、その住所及び居所を変更しなければ、受給することができない。(H26-6C)

**問6**　Section 5 **2**
一般教育訓練給付金は、一時金として支給される。(R3-6B)

**問7**　Section 7 **1**
保育所等における保育が行われない等の理由により育児休業に係る子が1歳6か月に達した日後の期間について、休業することが雇用の継続のために特に必要と認められる場合、延長後の育児休業給付金の対象となる育児休業の期間はその子が1歳9か月に達する日の前日までとする。(R4-6ア改題)

176

解答

**問1** ○　船員であって契約期間が1年未満の者は雇用保険法は適用されませんが、年間稼働（1年を通じて雇用される場合）の船員については雇用保険法が適用されます。

**問2** ×　失業等給付は、求職者給付、教育訓練給付および雇用継続給付に加え「就職促進給付」があり、全部で4つになります。

**問3** ×　傷病手当は、受給資格者が、離職後公共職業安定所に出頭し、求職の申込みをした後に、疾病又は負傷のために、継続して15日以上職業に就くことができない場合に支給されます。したがって、離職前から疾病又は負傷のため職業に就くことができない場合には支給されません。

**問4** ×　賃金日額の計算に当たり算入される賃金は、原則として、算定対象期間において被保険者期間として計算された最後の3か月間ではなく、最後の6か月間に支払われたものに限られます。

**問5** ×　移転費は受給資格者等が、公共職業安定所等の紹介した職業に就くため、又は公共職業訓練を受けるため、住所又は居所を変更した場合にもらうことができます。問題文のように、受給資格者しかもらえないというわけではありません。

**問6** ○

**問7** ×　設問の場合、延長後の育児休業の期間はその子が2歳に達する日の前日までとなります。

177

## 知っててよかった！ 雇用保険法

### 産後パパ育休（出生時育児休業）制度の創設〜育児・介護休業法の改正〜

　男性の育児休業取得を促進するため、子の出生直後の時期における柔軟な育児休業の枠組みとして「産後パパ育休」が令和4年10月からスタートしました。

　具体的には、子の出生後8週間以内に4週間まで取得することができる育児休業制度です。

　産後パパ育休は、1人の子につき2回に分割できますが、初めにまとめて申し出ることが必要です。

　さらに、男女ともに仕事と育児を両立できるよう1歳未満の子の育児休業について分割して2回まで取得することができるようになるほか、保育所等に入所できないために育児休業を延長し（1歳から1歳半、1歳半〜2歳）かつ、夫婦交代で育児休業を取得する場合は延長期間の途中で夫婦が交代して育児休業を取得することができるようになります。

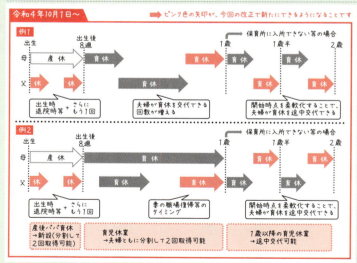

［厚生労働省ホームページ掲載の資料をもとに作成］

入門講義編

CHAPTER 5
# 労働保険徴収法

CHAPTER 5　労働保険徴収法

# Section 1 労働保険徴収法とは？

★Section1はこんな話★

労働保険徴収法の正式名称は**「労働保険の保険料の徴収等に関する法律」**といいます（以下「徴収法」といいます。）。労働保険とは労災保険と雇用保険を総称した言葉で、保険給付は両保険制度で別個に行われていますが、保険料の徴収については、**「労働保険」**として一体的に取り扱っています。この法律により、かつて別々に行っていた労働保険の適用事務や保険料の徴収事務が一本化され事務処理が**効率的**に運ぶようになりました。労災保険や雇用保険で学習した内容と重なる部分も多いです。

実務的な内容が多く初学者はイメージしにくい科目ですが、同じパターンの問題も多く、過去問を復習するのが効果的!!
高得点を狙える科目です。

知っ得！　社会保険は一本化されていない！

労災保険と雇用保険をあわせて「労働保険」と呼ぶのに対し、健康保険、厚生年金保険、さらに介護保険をあわせて「社会保険」といいます。社会保険の徴収事務は労働保険のように一元化されておらず「社会保険徴収法」という法律はありません。社会保険の保険料の徴収方法は、健康保険法、厚生年金保険法、介護保険法の中にそれぞれ規定されています。

## 1 徴収法の目的は？　　事務の効率化を図る法律！

徴収法の目的は、**労働保険の事業の効率的な運営**を図ることです。

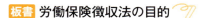

**板書** 労働保険徴収法の目的

| 1 | 労働保険の保険関係の成立および消滅 |
| 2 | 労働保険料の納付の手続き |
| 3 | 労働保険事務組合等 |

これらについて必要な事項を定めています。

## 2 保険関係の成立　　会社がスタートしたら成立するのが原則！

**適用事業** ➡P.121、154参照 については、その**事業が開始された日**に、**暫定任意適用事業** ➡P.121、154参照 については、**適用事業に該当するに至った日**（例えば個人経営の事業を法人にしたような場合）に、事業主の意思にかかわりなく、法律上当然に（強制的に）労働保険の保険関係は成立します。

知っ得！　**保険関係成立届の提出**

保険関係が成立した場合、事業主は成立した日から10日以内に「保険関係成立届」を労働基準監督署長または公共職業安定所長に提出しなければなりません。この届出により、政府は、事業についての保険関係とその成立の時期、事業の内容等を速やかに確認することができ、労働保険料の徴収等を行うことができるのです。

## 3 保険関係の消滅　　　会社が終わったその翌日に消滅！

　保険関係の成立している事業は、適用事業であるか暫定任意適用事業であるかを問わず、継続事業の場合は**廃止**されたとき、有期事業の場合は**終了**したときに、**その日の翌日**に法律上当然に消滅します。

　また、暫定任意適用事業については脱退することが認められており、具体的には、事業主が保険関係の消滅の申請を行い、厚生労働大臣の**認可**（認可の権限は都道府県労働局長に委任されています。）があったときに、**その翌日**に消滅します。

> **知っ得！　継続事業と有期事業**
> 　一般の会社や商店などは、廃業や倒産等がない限り継続して事業を行っていきます。このような事業を「継続事業」といい、ほとんどの事業が継続事業に該当します。これに対して、建設工事など事業の期間が予定されている事業を「有期事業」といいます。有期事業は労災保険のみに出てくる言葉で、「継続事業」と「有期事業」では保険料の納付方法が異なります。

> 事業の廃止や終了による場合、保険関係消滅のための手続きは必要としません。「保険関係廃止届」などありませんので、引っかからないように注意しましょう。

# Section 2 労働保険料

CHAPTER 5 労働保険徴収法

## ★Section2はこんな話★

労働保険を運営している政府は、当該保険事業に必要な費用を保険料（「**労働保険料**」といいます。）として徴収します。労働保険料は大きく4つに区分されますが、中心となる保険料は「**一般保険料**」です。一般保険料は事業主が支払う賃金の総額を基礎として計算する保険料で、保険関係が成立している事業は必ず納めなければなりません。それに対して、一般保険料以外の保険料は該当する人がいる場合に納める保険料になります。

今回は一般保険料を中心に
みていくことにしましょう。

## 1 労働保険料の種類

全部で6種類あります！

労働保険料には、次のものがあります。

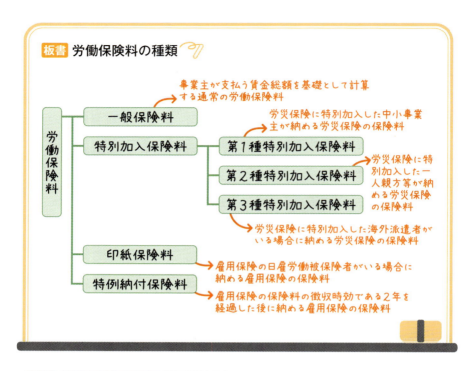

## 2 一般保険料の額　賃金の総額に保険料率を掛けて計算が原則！

　一般保険料の額は、事業主が労働者に支払う**賃金総額**に**一般保険料率**を乗じて算出します。

　「**一般保険料率**」は、原則**労災保険率と雇用保険率を合計した率**をいい、事業主は労災保険と雇用保険の保険料をあわせて納めることになります。

建設業などの一定の事業は、労災保険と雇用保険の保険料を別々に納付します。

**知っ得！** 一般保険料は会社が計算

労働保険料は政府が計算し、その額を事業主に通知することによって納めるのではなく、事業主が労働保険料を計算し、その額を申告することによって納めます。

板書 一般保険料の額

賃金総額 × 一般保険料率（労災保険率＋雇用保険率）

## 3 労災保険率と雇用保険率

業種によって異なります！

「**労災保険率**」は、過去3年間の業務災害や複数業務要因災害、通勤災害の災害率等を考慮して厚生労働大臣が決定しています。事業の種類によって細かく定められており、最高**1000分の88**（金属鉱業等）から最低**1000分の2.5**（金融業、保険業等）の間で定められています。

一方、「**雇用保険率**」は3つに区分され、令和5年度は以下のように定められています。

◆ 令和5年度の雇用保険率

| 事業の種類 | R5年度 |
|---|---|
| 一般の事業 | 1000分の15.5 |
| 農林水産の事業、清酒製造の事業 | 1000分の17.5 |
| 建設等の事業 | 1000分の18.5 |

# Section 3 労働保険料の申告と納付

CHAPTER 5 労働保険徴収法

★Section3はこんな話★

労働保険料は年度の始めに1年分まとめて概算額で申告し納める**前払方式**をとっています。
概算額で納めているため、翌年度にもう一度確定額を計算し申告します。不足分がある場合は不足分を納め、納めすぎている場合は次の保険年度の労働保険料等に充当するか返還してもらいます。この概算額で納める保険料を「**概算保険料**」といい、確定額で納める保険料を「**確定保険料**」といいます。

給与明細を見ると、雇用保険料は毎月天引きされていますが、実は、会社は労災保険料と雇用保険料を1年分まとめて納めているのです。

## 1 納付の仕組み 年度始めに見込額を払い、翌年度に精算が基本ルール！

### I 継続事業の場合

一般保険料は保険年度（4月1日から翌年3月31日）の始めに概算額で申告納付し、翌年度に確定額を申告し、概算額と確定額の過不足を精算する仕組みをとっています。

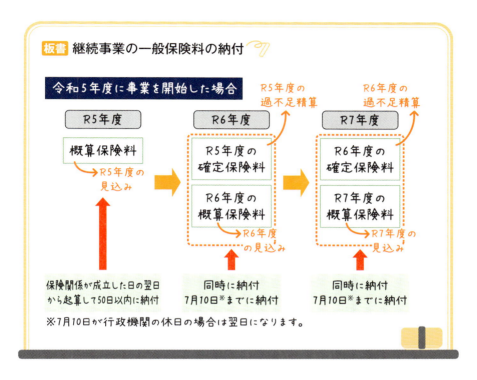

継続事業の場合、毎年度これの繰り返しになります。一般的に、この事務を「**年度更新**」といいます。

## Ⅱ 有期事業の場合

有期事業の場合、**保険関係が成立した日の翌日から起算して20日以内**に**労災保険料を概算額**で納付します。

そして、**保険関係が消滅した日から起算して50日以内**に**確定保険料**を申告し過不足を精算します。

**知っ得！** 起算日の考え方
概算保険料は翌日から、確定保険料は当日から起算します。

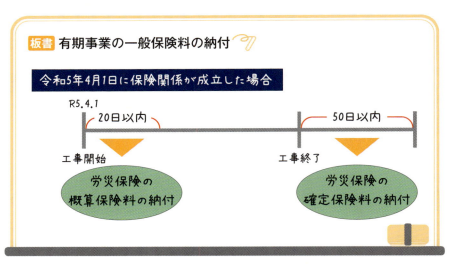

有期事業の場合、概算保険料の納期限は20日以内と短くなります。これは、概算保険料は、有期事業が行われている期間中に納付しますが、工事期間が短い有期事業だと概算保険料を納付する前に工事が終わってしまうため、納期限を短縮しているのです。

## 2 概算保険料の額　　　見込額の計算ルール！

### I 継続事業の場合

　継続事業の概算保険料は、原則として1年度（4月1日から翌年3月31日）に使用するすべての労働者に支払う**賃金総額**（1,000円未満の端数切捨）の見込額に**一般保険料率**を乗じて算定します。

7月10日の段階で1年度の賃金総額はわからないため、見込額を使って計算します。

## Ⅱ 有期事業の場合

有期事業の概算保険料は、事業の全期間に使用するすべての労働者に支払う**賃金総額**（1,000円未満の端数切捨）**の見込額**に**労災保険率**を乗じて算定します。

有期事業については事業の全期間に支払う賃金総額で計算します。たとえば2年の建設工事であれば、2年間に支払う賃金総額の見込額に労災保険率を乗じて概算保険料を計算します。

## 3 概算保険料の延納　　分割払いもできる！

概算保険料は、一度に全額を納付するのが原則ですが、事業主の負担の軽減を図るため、一定の要件に該当する場合には事業主の申請により分割して納付することが認められています。これを「**延納**」といいます。

## Ⅰ 継続事業の場合

**板書　継続事業の延納の要件**

概算保険料額が40万円以上
（労災保険または雇用保険のみ成立している事業は20万円以上）

**または**

労働保険事務組合に労働保険事務処理を委託していること

**かつ**

当該保険年度において10月1日以降に保険関係が成立した事業でないこと

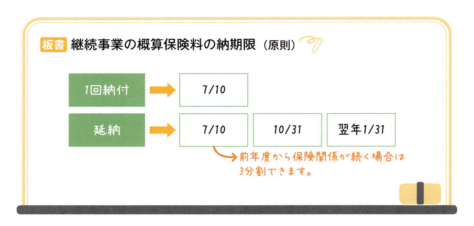

## II 有期事業の場合

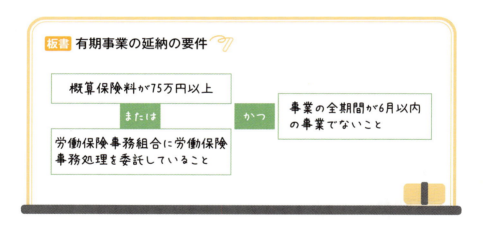

有期事業の延納は、その事業の全期間を通じて、毎年**4月1日から7月31日まで**、**8月1日から11月30日まで**、**12月1日から翌年3月31日まで**の各期に分けて納めることができます。

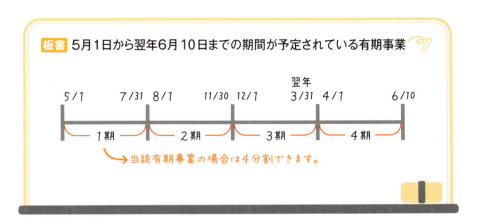

## 4 確定保険料の額

確定額の計算のルール！

継続事業の確定保険料の額は、事業主が**その年度に実際に支払った賃金総額**に基づいて計算した額となります。一方、有期事業の確定保険料の額は、その**事業の開始から終了までの全期間に実際に支払った賃金総額**に基づいて計算します。

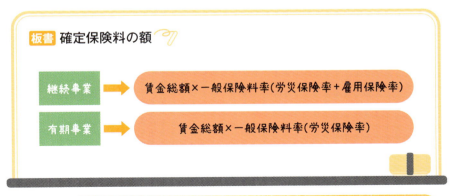

継続事業については翌年度に計算するし、有期事業も事業終了後に計算するから、実際に支払った賃金総額がわかるんだよね。

## 5 確定精算　　　　　　　　　　　　足りない分だけ納付する！

　確定精算とは、納付した概算保険料の額が確定保険料の額に足りなければ、その**不足額を納付**し、反対に、納付した概算保険料の額が確定保険料の額を超えていれば、その額を**還付**するか**次の保険年度の概算保険料等に充当**することです。

確定保険料の額と概算保険料の額が同じで、納付すべき不足額がない場合でも確定保険料は申告しなければなりません。

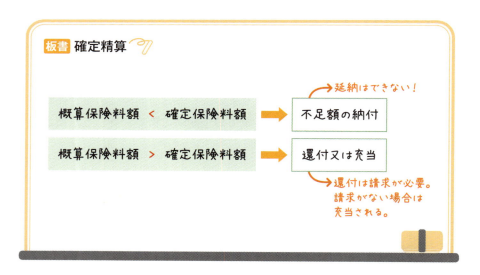

CHAPTER 5　労働保険徴収法

# Section 4　労災保険のメリット制

★Section4はこんな話★

事業の種類が同じでも、会社によって労災事故の多い会社と少ない会社があります。しかし、同じ種類の事業というだけで労災保険率を同じにするのは、公平ではありません。
そこで、**労災事故の多い会社**については**労災保険の保険料負担を重く**し、逆に**労災事故の少ない会社は保険料負担を軽減**することにしています。これを「**労災保険のメリット制**」といい、**事業主の災害防止の努力を促進**するのが目的です。

離職者が多い会社と少ない会社で
雇用保険率を上げ下げするというような
雇用保険のメリット制はありません。

「**メリット制**」は、3保険年度中の業務災害により支給した保険給付等の額と支払った保険料の額との収支の割合（「**収支率**」といいます。）に応じて一定の範囲内で**労災保険率を上げ下げする制度**です。また、有期事業については労災保険率を上げ下げするのではなく、**確定保険料を増減**させます。

メリット制により上下した結果の労災保険率（有期事業は改定確定保険料）は、都道府県労働局歳入徴収官から事業主に通知されます。また、すべての事業についてメリット制を適用してしまうと事務量が膨大となるため、メリット制の適用を受けるのは、一定の規模以上の事業に限定されます。

193

板書 継続事業のメリット制

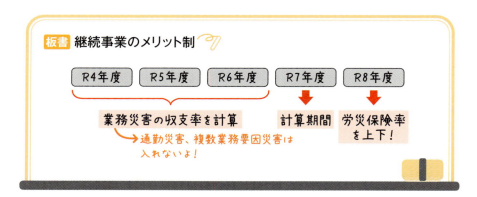

板書 有期事業のメリット制

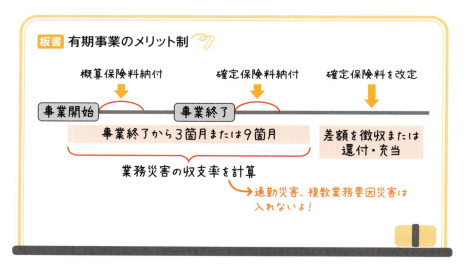

# Section 5 労働保険事務組合

CHAPTER 5 労働保険徴収法

### ★Section5はこんな話★

労働保険には、保険加入に関する手続きや保険料の申告・納付といった手続きなどがありますが、中小企業ではこのような事務が負担になることがあります。そのため、**事業主の委託**を受けてこのような**事務処理**を行う**労働保険事務組合**の制度があります。労働保険事務組合は既にある事業主等の団体が**厚生労働大臣の認可**を受けて成立します。

> 労働保険事務組合として厚生労働大臣の認可を受けている団体には、商工会議所や商工会、社会保険労務士による団体などがあります。

　**政府**は、委託事業主に対してすべき労働保険料の納入の告知その他の通知等について、これを**労働保険事務組合**に対してすることができます。この場合、労働保険事務組合に対してしたこれらの通知等は、**委託事業主に対してしたものとみなされます**。

　また、**委託事業主**が労働保険料等の納付のために、金銭を労働保険事務組合に交付したときは、**労働保険事務組合**は、その交付を受けた金額の限度で、**政府に対して**当該徴収金を納付する責任があります。

労働保険事務組合は、事業主の代理人として労働保険事務を処理するものです。

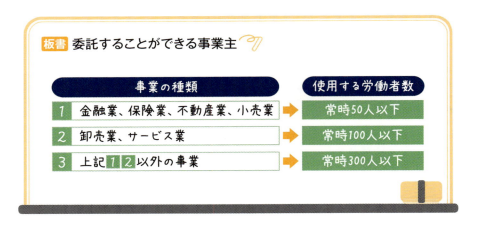

## CHAPTER 5　労働保険徴収法　過去問チェック！

**問1**　Section 1 ①

労働保険徴収法は、労働保険の事業の効率的な運営を図るため、労働保険の保険関係の成立及び消滅、労働保険料の納付の手続、労働保険事務組合等に関し必要な事項を定めている。(R2-雇8D)

**問2**　Section 1 ③

労働保険の保険関係が成立している事業の事業主は、当該事業を廃止したときは、当該事業に係る保険関係廃止届を所轄労働基準監督署長又は所轄公共職業安定所長に提出しなければならず、この保険関係廃止届が受理された日の翌日に、当該事業に係る労働保険の保険関係が消滅する。(H29-災9A)

**問3**　Section 2 ①

労働保険徴収法第10条において政府が徴収する労働保険料として定められているものは、一般保険料、第１種特別加入保険料、第２種特別加入保険料、第３種特別加入保険料及び印紙保険料の計５種類である。(R元-災8A)

**問4** Section 3 **1**

建設の有期事業を行う事業主は、当該事業に係る労災保険の保険関係が成立した場合には、その成立した日の翌日から起算して20日以内に、概算保険料を概算保険料申告書に添えて、申告・納付しなければならない。(H27-災9B)

**問5** Section 4

メリット制とは、一定期間における業務災害に関する給付の額と業務災害に係る保険料の額の収支の割合（収支率）に応じて、有期事業を含め一定の範囲内で労災保険率を上下させる制度である。(H28-災10イ)

**問6** Section 5

金融業を主たる事業とする事業主であり、常時使用する労働者が50人を超える場合、労働保険事務組合に労働保険事務の処理を委託することはできない。(R元-雇9A)

徴収

過去問チェック！

解答

**問1** ○

**問2** ✕　事業を廃止したときは、その翌日に労働保険の保険関係は法律上当然に消滅するため、手続きは必要ありません。

**問3** ✕　政府が徴収する労働保険料として定められているものは、設問の保険料のほか、特例納付保険料を加えた計6種類になります。

**問4** ○

**問5** ✕　有期事業に関するメリット制は、労災保険率を上下させるのではなく、確定保険料を増減させる制度です。

**問6** ○

197

知っててよかった！
# 労働保険徴収法

　労働保険の適用事業が毎年定期的に行う業務に、**年度更新**があります。
　年度更新は、P187、188で学習しましたが、最も重要な作業は、保険料の算定基礎額となる**賃金総額**を正確に把握することです。そのため、徴収法では、保険料の算定に算入する賃金と算入しない賃金を具体的に規定しています。例えば、基本給や賞与、通勤手当、住宅手当や超過勤務手当などは賃金総額に算入しますが、出張旅費・宿泊費や結婚祝金、解雇予告手当などは賃金総額に算入しません。
　ところで、令和2年4月1日より資本金、出資金等が1億円を超える法人など、特定の法人に対して年度更新の手続きを**電子申請**で行うことが義務づけられました。これは、政府全体で行政手続きのコストを削減する政策です。削減方法として紙の用紙で届出をする場合、今まで複数の行政機関に提出していたものを、一か所に提出するようにし、事業主の事務負担の軽減を図ります。そのため、届出用紙の様式を変更し、行政機関で情報を共有することができる用紙にしました（令和2年1月からスタート）。そして、もう一つの改革が電子申請の推進です。電子申請とは、インターネットを利用して、申請・届出などの行政手続きをいつでも、どこからでも行える仕組みのことです。これまで行政機関の窓口に出向いて紙媒体で行っていた手続きが、会社や自宅のパソコンを使って行えるようになります。電子申請を導入することで、24時間いつでも申請ができたり、申告書等を手書きする手間や、窓口へ出向く時間・交通費などのコストを削減することができます。また、電子申請で行う手続きには、年度更新のほか、社会保険の定時決定なども含まれます。

入門講義編
## CHAPTER 6
# 健康保険法

# 社労士試験で社会保険を学習するのはなぜ？

　CHAPTER 6から8は、社会保険法です。健康保険法の学習に入る前に、まずは社会保険法の全体像をみておきましょう。

　戦後の産業や経済の著しい発展に伴い社会保険に係る事務処理には専門的な知識が必要となってきました。しかし、企業の中にはそのような専門的な知識を持つ人材がいなかったり、事務処理を行う要員を抱えることができない事業所も多いのです。また、年金については少子高齢化の進展に伴い幾度となく法律が改正されていますが、一般国民が理解するのは難しい法律です。医療保険に関しても会社員が加入する健康保険や自営業者などが加入する国民健康保険、高齢者が加入する後期高齢者医療などがありますが、保険給付や保険料徴収などやはり専門的な知識が必要です。

　年金や医療、介護などの社会保険は私たちの生活になくてはならない存在です。ケガや病気、障害や高齢など人生に起こりうるリスクに対して生活の安定をもたらしてくれる制度です。

　しかし、このような重要な社会保険であるにもかかわらず、その制度や手続きについて知らないことが多いのも現実です。そのため、社労士は社会保険の専門家として企業や国民をサポートしていかなければなりません。ですから社会保険も社労士の試験科目となっているのです。

　近年では、年金を中心に業務を行う社労士や病気を抱えて就労する人を支援する社労士なども登場しています。企業の社会保険の相談・手続きにとどまらず、社会保険の分野においても社労士の果たす役割はますます重要になってくるでしょう。

## 社会保険

**年金**
- 国民年金
- 厚生年金保険
- 確定拠出年金
- 確定給付企業年金

**医療保険**
- 健康保険
- 国民健康保険
- 船員保険
- 後期高齢者医療

**介護保険**
- 介護保険

健保 Sec 0 社労士試験で社会保険を学習するのはなぜ？

社会保険科目は身近な内容も多いのが特徴です！

CHAPTER 6　健康保険法

# Section 1 健康保険とは？

★Section1はこんな話★

健康保険は**労働者を対象とした医療保険**で、その歴史は古く大正11年に制定されました。その翌年に関東大震災があったため、施行は昭和2年にずれ込みましたが、わが国で**最も古い医療保険**です。
多くの人は病気やケガをしたときに、**健康保険証**をもって病院に行き、診察・治療を受けて、窓口で自己負担分を払った経験があるでしょう。そして薬が処方されているときは、調剤薬局で薬を受け取り自己負担分を払います。このように健康保険は我々にとって、とても身近な法律です。

健康保険は死亡や出産に関して現金を支給したり、
労働者が病気やケガなどで働けなくなったときの生活を保障するための
保険給付なども行っています。

## 1 健康保険法の目的は？　　医療保険の基本！

健康保険法は、労働者やその扶養家族の**業務災害以外の病気、ケガ**もしくは**死亡または出産**に関して保険給付を行い、**国民の生活の安定と福祉の向上**に寄与することを目的としています。

板書 労災保険との比較

| 労災保険 | 健康保険 |
|---|---|
| 業務災害の対象となる事故<br>通勤災害の対象となる事故<br>複数業務要因災害の<br>対象となる事故 | 業務災害以外の<br>対象となる事故 |

知っ得！ **健康保険の保険者**
健康保険事業を管理運営するものを保険者といいますが、健康保険の保険者は、国ではなく、**全国健康保険協会と健康保険組合**という2つの法人となっています。協会は中小企業、組合は大企業の加入が多いです。

## 2 適用事業所　健康保険に加入する事業所は？

　健康保険の適用事業所には、強制的に適用を受ける「**強制適用事業所**」と、厚生労働大臣の**認可**を受けて適用事業所となる「**任意適用事業所**」の2種類があります。

### Ⅰ 強制適用事業所

　次の❶❷のいずれかに該当する事業所が強制適用事業所となります。

> **板書** 強制適用事業所
>
> | 1 | 常時5人以上の従業員を使用して**適用業種**を行う個人の事業所 |
> | 2 | 常時1人以上の従業員を使用する国、地方公共団体または法人の事業所 |
>
> ☆適用業種とは？
>
> ほとんどの事業が適用業種となります。逆に適用業種とならない業種（非適用業種といいます。）の数が少ないため、非適用業種を覚え、それ以外は適用業種と考えればよいでしょう。
>
> 非適用業種 → 農林業、水産業、畜産業
> 　　　　　　旅館や料理飲食店
> 　　　　　　神社、寺院、教会等

## II 任意適用事業所

次の 1 または 2 の事業所は強制適用事業所ではありませんが、厚生労働大臣の**認可**を受けて適用事業所とすることができます。

> **板書** 任意適用事業所
>
> | 1 | 常時5人未満の従業員を使用する個人の事業所 |
> | 2 | 常時5人以上の従業員を使用して非適用業種を行う個人の事業所 |

適用事業所となるための認可を受けようとするときは、被保険者となるべき従業員の2分の1以上の同意を得て申請することが必要です。これは適用事業所となった場合、従業員にも保険料の負担義務が発生するからです。

## 3 被保険者　基本は会社員が被保険者。退職後も継続できる制度あり！

健康保険の被保険者は、適用事業所に使用される者である**一般の被保険者**、**日雇特例被保険者**と、一定の要件を満たす者がその希望により個人で任意加入し、退職後も継続して被保険者となることができる**任意継続被保険者**、**特例退職被保険者**とに分けられます。

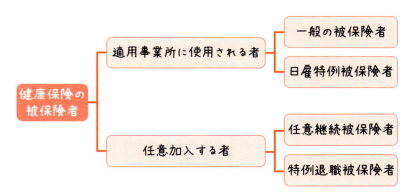

### 知っ得！　任意継続被保険者とは？

任意継続被保険者とは被保険者が退職した後でも、一定の要件を満たした場合に最大2年間、個人で健康保険に加入することを認める制度です。任意継続被保険者が受けられる保険給付は、一般の被保険者と原則変わりはありませんが、保険料は、全額自己負担となります。

## 4 適用除外　健康保険の被保険者としない人は？

適用事業所に使用される人であっても、次の 1 から 9 に該当する人は、健康保険の被保険者としません。

**板書** 健康保険の被保険者としない人（原則）

| 1 | 船員保険の被保険者 |
|---|---|
| 2 | 臨時に使用される人 → 日雇の人、契約期間が2カ月以内で、契約期間を超えて使用されることが見込まれない人 |
| 3 | 巡回興行の大衆演劇など所在地が一定しない事業所に使用される人 |
| 4 | 冬の除雪作業など季節的な業務に4カ月以内の契約期間で働く人 |
| 5 | 博覧会など臨時的事業の事業所に6カ月以内の契約期間で働く人 |
| 6 | 国民健康保険組合の事業所に使用される人 |
| 7 | 後期高齢者医療の被保険者 |
| 8 | 厚生労働大臣、健康保険組合または共済組合の承認を受けた人 |
| 9 | パートやアルバイトなどで<br>1週間の所定労働時間が正社員の所定労働時間の4分の3未満　**または**　1カ月の所定労働日数が正社員の4分の3未満<br>**かつ**<br>次の①から③のいずれかに該当する人<br>①1週間の所定労働時間が20時間未満<br>②報酬が月額88,000円未満<br>③学生等である |

会社員でも、後期高齢者医療に加入している人は、健康保険には入れないんだ。日雇の人は適用除外となっているけど、適用事業所で働いていれば、日雇特例被保険者として健康保険に入れるんだ。

**知っ得！** 後期高齢者医療の被保険者って？

後期高齢者医療制度とは、原則75歳以上の人が加入する医療制度です。たとえば、75歳以上の人が会社員をしている場合、その人は、健康保険の被保険者ではなく、後期高齢者医療の被保険者となります。

## 5 被扶養者　　　　　　　　　家族も一緒に健康保険に入れる！

　健康保険は、被保険者本人の病気やケガなどに対して保険給付を行うほか、扶養家族の病気やケガなどについても保険給付を行います。この扶養家族のことを「**被扶養者**」といいます。日本国内に住所を有する者または外国に留学する学生など、日本国内に生活の基礎があると認められる者で、次の 1 2 に該当する人が被扶養者になることができます。

　ただし、後期高齢者医療の被保険者や、医療滞在ビザで来日した者などは被扶養者になることができません。

207

板書 被扶養者

1 主として被保険者により生計を維持する①から⑤の人
①直系尊属 ②配偶者 ③子 ④孫 ⑤兄弟姉妹
↳父母、祖父母、曾祖父母など  ↳内縁関係も含む

2 住居および家計を共にし、かつ主として被保険者により生計を維持する①から③の人

①3親等内の親族
②内縁関係と同様の事情にある配偶者の父母および子

③内縁関係と同様の事情にある配偶者の死亡後におけるその父母および子

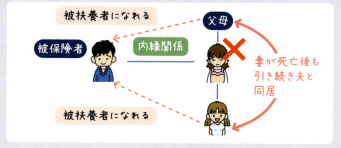

**生計維持の要件** 年間収入が130万円未満（60歳以上の人または障害者である場合は180万円未満）であることが必要です。

パートで働いているけれど、年収が130万円未満だから夫の被扶養者になれる！

◆ 3親等内の親族図

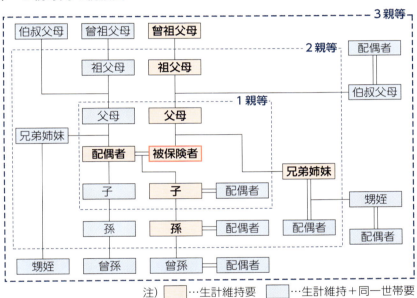

# Section 2 保険料・標準報酬

CHAPTER 6 健康保険法

★Section2はこんな話★

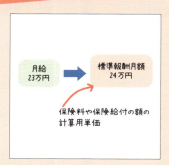

健康保険では、保険料の額や一部の保険給付の額を、被保険者が事業主から受ける**報酬や賞与をもとに計算します**。

しかし、被保険者が受ける報酬は人によってさまざまであり、支払われる額も毎月変動するため、それぞれの報酬をそのまま使って保険料や保険給付の額を計算するのは、事実上困難です。そこで事務処理の効率化を図るため、現実に受ける報酬とは別に**標準報酬を決定**し、その額をもとに保険料の計算等を行います。

報酬の定義や標準報酬の決定方法について
みていくことにします。

## 1 報酬・賞与

定義を確認!

「**報酬**」とは、賃金、給料、手当、賞与などの名称にかかわらず、労働者が**労働の対償**(たいしょう)として受けるすべてのものをいいます。ただし、**臨時に受けるものと3月を超える期間ごとに受けるもの**は除かれます。

賞与とは、賃金、給料、手当、賞与などの名称にかかわらず、労働者が労働の対償として受けるすべてのもののうち、3月を超える期間ごとに受けるものをいいます。

## 2 標準報酬月額と標準賞与額　保険料の計算のもとになるもの！

### I 標準報酬月額

「**標準報酬月額**」は、保険料の計算にあたって、仮に設けたその人の報酬の額です。

たとえば、ある従業員の1月の報酬が19万5,000円であったとします。この場合、実際に支給された19万5,000円をもとに保険料を計算するのではなく、「**標準報酬月額等級表**」に従業員の報酬をあてはめて等級を決定し、その等級に該当する**標準報酬月額**をもとに保険料を計算します。

標準報酬月額は、個々の被保険者の報酬月額に基づいて厚生労働大臣又は健康保険組合が決定します。そのため、事業主は毎年1回、被保険者の報酬月額の届出を行います。これを**定時決定**といいます。

> **板書** 標準報酬月額
>
> **例** 報酬が195,000円以上210,000円未満
>
> ➡ 標準報酬月額17等級　200,000円
>
> つまり、報酬が19万5,000円の人であっても20万9,000円の人であっても標準報酬月額は20万円となります。

**知っ得！** 標準報酬月額

標準報酬月額は1等級から50等級まであり、1等級は報酬が63,000円未満が該当し、標準報酬月額は58,000円となります。また50等級は報酬が1,355,000円以上が該当し、標準報酬月額は1,390,000円となります。

◆　健康保険標準報酬月額等級表

| 等級 | 標準報酬月額 | 報酬月額 |
|---|---|---|
| 1 | 58,000円 | 63,000円未満 |
| 2 | 68,000円 | 63,000円以上73,000円未満 |
| 49 | 1,330,000円 | 1,295,000円以上1,355,000円未満 |
| 50 | 1,390,000円 | 1,355,000円以上 |

## II 標準賞与額

「**標準賞与額**」も標準報酬月額と同様、保険料の計算にあたって、仮に設けたその人の賞与の額になります。ただし、賞与については、報酬のような等級表があるわけではなく、実際に支給された賞与額の**1,000円未満の端数を切り捨てた額**が、標準賞与額となります。

**知っ得！ 標準賞与額には上限がある！**

標準賞与額は、年度の合計額が573万円までが上限とされています。たとえば、4月に200万円、8月に200万円、翌年1月に200万円、賞与が支払われた場合、翌年1月の分については、200万円が全額保険料の徴収の対象となるわけではなく、173万円〔573万円－(200万円＋200万円)＝173万円〕が保険料の徴収の対象となるわけです。

標準報酬月額と標準賞与額をまとめて標準報酬といいます。

## 3 保険料の額　　　標準報酬をベースに考えます！

健康保険の保険料の額は、**標準報酬月額**および**標準賞与額**に、それぞれ保険料率を掛けて計算します。また、**介護保険第2号被保険者**（40歳以上65歳未満）は、**介護保険料**もあわせて計算します。

### Ⅰ 報酬に関する保険料

| 一般保険料額＝ | 標準報酬月額 | × | 一般保険料率 |
| --- | --- | --- | --- |
| 介護保険料額＝ | 標準報酬月額 | × | 介護保険料率 |

### Ⅱ 賞与に関する保険料

| 一般保険料額＝ | 標準賞与額 | × | 一般保険料率 |
| --- | --- | --- | --- |
| 介護保険料額＝ | 標準賞与額 | × | 介護保険料率 |

保険者が全国健康保険協会の場合、一般保険料率は都道府県ごとに決定され、介護保険料率は全国一律となります。また、保険者が健康保険組合の場合は、一般保険料率、介護保険料率ともに規約で定められているため、健康保険組合ごとに率が異なることになります。

## 4 保険料の負担割合　　　半額負担が原則！

　保険料は、事業主と被保険者が**2分の1**ずつ負担します。ただし、任意継続被保険者については既に退職しているため、**保険料の全額を本人が負担**します。

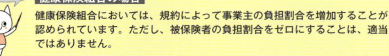

健康保険組合においては、規約によって事業主の負担割合を増加することが認められています。ただし、被保険者の負担割合をゼロにすることは、適当ではありません。

## 5 保険料の納付の仕組み　　　原則、翌月末日までに会社が納付！

　毎月の保険料は、事業主が**翌月末日**までに、事業主負担分と被保険者負担分の合計額を納付します。被保険者負担分については、給与から控除します。また、厚生労働大臣の承認を受ければ、口座振替による納付も可能です。

　**任意継続被保険者**については、**本人がその月の10日**（初めて納付すべき保険料については、保険者が指定する日）までに全額を納付します。

## 6 保険料の免除　　保険料を納めなくてもいい場合がある！

次の❶❷の場合は事業主、被保険者ともに保険料が免除になります。

**板書　保険料の免除**

国が医療を行い、健康保険からは保険給付を行わないので、保険料も徴収しない！

1　少年院等に収容、刑事施設等に拘禁されたとき

2　3歳未満の子の育児休業等期間中および産前産後休業期間中

子育て支援の1つ。
厚生年金保険の保険料も免除！

　同月内に短期間の育児休業を取得した場合は、14日以上の育児休業を取得した場合に保険料が免除になります。また、賞与の保険料については、連続して1か月を超える育児休業を取得した人に限って免除となります。
　12月2日～12月15日に育児休業を取得した場合、当該期間が14日あるため、12月分の保険料は免除されます。ただし、12月に賞与が支払われた場合の賞与の保険料については免除になりません。

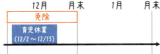

[厚生労働省ホームページ掲載の資料をもとに作成]

# Section 3 保険給付の種類

CHAPTER 6 健康保険法

★Section3はこんな話★

健康保険の保険給付は、**被保険者に関するもの**と**被扶養者に関するもの**の2つに大きく分かれます。また、診療や治療行為等の現物で行う**現物給付**と、出産したときに金銭を支払うなどの現金で行う**現金給付**に分けることができます。

健康保険法に基づく保険給付には次のものがあります。

| 保険事故 | 被保険者 | 被扶養者 |
|---|---|---|
| 病気ケガ | 療養の給付 | 家族療養費 |
| | 入院時食事療養費 | |
| | 入院時生活療養費 | |
| | 保険外併用療養費 | |
| | 療養費 | |
| | 訪問看護療養費 | 家族訪問看護療養費 |
| | 高額療養費・高額介護合算療養費 | |
| | 移送費 | 家族移送費 |
| | 傷病手当金 | なし |
| 死亡 | 埋葬料（埋葬費） | 家族埋葬料 |
| 出産 | 出産育児一時金 | 家族出産育児一時金 |
| | 出産手当金 | なし |

# Section 4 傷病に関する保険給付

CHAPTER 6　健康保険法

★Section4はこんな話★

私が病気になって長期入院したら、健康保険からどんな保険給付が出るんだろう…

傷病に関する保険給付には、被保険者がケガをしたり病気になった場合に治療行為を行う**療養の給付**、入院した場合の**入院時食事療養費**、**入院時生活療養費**、さらには先進医療などを受けたときに支給する**保険外併用療養費**、自己負担が高額になった場合に自己負担の一部が返還される**高額療養費**、ケガや病気で働けなくなったときの生活保障として支給される**傷病手当金**など、さまざまなものがあります。

これら以外にもいくつかの保険給付があり、一般的に知られていないものもあるかもしれません。

## 1　療養の給付

診察や治療！　自己負担は一部負担金！

　被保険者が、業務上以外の事由によりケガをしたり病気になったときは、保険医療機関（健康保険を扱う病院として指定された医療機関のことです。）に健康保険証又はマイナンバーカードを提出し、「**一部負担金**」を支払うことで診察、処置、投薬などの治療を受けることができます。また、医師の処方箋をもとに保険薬局で薬の調剤をしてもらうことができます。これを「**療養の給付**」といい、健康保険の中心となる保険給付です。
　一部負担金の負担割合は、次のとおりです。

| 被保険者の区分 | 負担割合 |
|---|---|
| ①70歳未満 | 3割 |
| ②70歳以上（③以外） | 2割 |
| ③70歳以上の一定以上所得者 | 3割 |

**知っ得！ マイナンバーカードも使えるようになる！**
療養の給付等を受ける場合の被保険者資格について、マイナンバーカードのICチップ内の電子証明書を読み取る方法で確認を行うことができるようになりました。

**知っ得！ 療養の給付の範囲**
診察、投薬または治療材料の支給、処置・手術、入院・看護、在宅療養・訪問看護とされています。

## 2 入院時食事療養費　　入院したときの食事の提供！

　被保険者が病気やケガで保険医療機関に入院したときは、食事の提供が受けられます。この食事について、その一部を被保険者が定額で負担し、定額部分以外は健康保険から「入院時食事療養費」として保険給付されることになっています。名称に「療養費」という言葉が入っていますが、実際には食事そのものです（これを「現物給付」といいます。）。なお、被保険者が負担する部分のことを「食事療養標準負担額」といい、一般の家庭の食費を勘案して決められています。

## 3 入院時生活療養費　入院したときのエアコンや照明などの療養環境の提供！

　介護保険の施設に入っている人や在宅療養との均衡の観点から、**療養病床**（看護・介護中心のベッド）に入院する**65歳以上**の被保険者は、食事と居住費（温度・照明・給水）について、その一部を被保険者が定額で負担し、定額負担分以外は健康保険から「入院時生活療養費」として保険給付されることになっています。
　なお、被保険者が負担する部分を「生活療養標準負担額」といい、介護施設に入所している人や在宅療養の人の食費や光熱水費等を勘案して決められています。

## 4 保険外併用療養費

保険が使えない医療への配慮!

健康保険では、保険が適用されない保険外診療があると、保険が適用される診療も含めて医療費の全額が自己負担となります。一般に混合診療と呼ばれるものです。ただし、混合診療であっても、**「評価療養」「選定療養」「患者申出療養」**については、保険診療との併用が認められており、通常の治療と共通する部分の費用については保険を適用することができます。

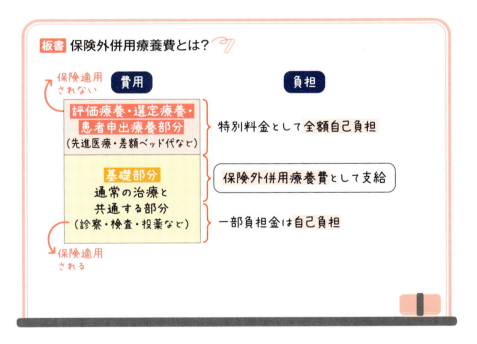

**知っ得！** 評価療養、選定療養、患者申出療養の具体例

【評価療養】先進医療、医薬品・医療機器等の治験にかかる診療など
【選定療養】4人部屋以下の病室での入院、ベッド数が200以上の病院での初診（紹介状なし）など
【患者申出療養】
・先進医療で実施しているが、実施できる患者の基準に外れてしまったため、その治療の対象に加えてほしいと申し出た場合
・すでに実施されている先進医療が自分の身近な保険医療機関で行われていないため、地元の保険医療機関で実施してほしいと申し出た場合など

## 5 療養費

いざというときの現金給付！

　健康保険では、保険医療機関に健康保険証を提示して診療を受けるのが原則です。しかしやむを得ない事情で、保険医療機関で保険診療を受けることができず、自費で受診したときなど特別の場合には、立て替えた費用について「**療養費**」が支給されます。

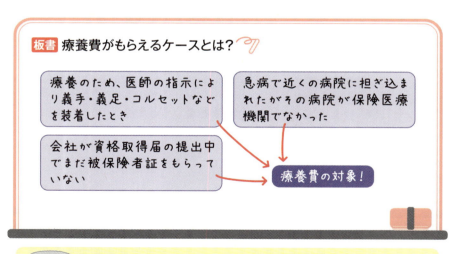

**知っ得！** 海外療養費

外国で病気になり、現地で治療を受けた場合は、海外療養費として支給されます。

## 6 家族療養費  家族のための保険給付！

健康保険では、**被扶養者**についても、**療養の給付**、**入院時食事療養費**、**入院時生活療養費**、**保険外併用療養費**、**療養費**に相当する給付が行われますが、これらはすべて「**家族療養費**」として保険料を払っている**被保険者**に支給されます。

## 7 訪問看護療養費・家族訪問看護療養費  自宅での医療に対する給付！

自宅で療養している被保険者が、かかりつけの医師の指示に基づいて**訪問看護ステーション**（「**指定訪問看護事業者**」といいます。）の**看護師等**から、療養上の世話や必要な診療の補助を受けた場合、その費用が、「**訪問看護療養費**」として支給されます。

自己負担（基本利用料）は、**療養の給付と同じ**ですが、オムツ代や看護師等の交通費（その他の利用料）は自己負担となります。

被扶養者が訪問看護を受けた場合は、被保険者に対して家族訪問看護療養費が支給されます。

## 8 高額療養費  自己負担にも上限あり！

長期の療養や、入院・手術などで、患者の自己負担が高額になる場合があります。そのため、家計の負担を軽減できるように、**1月の自己負担額**が一定の金額を超えた場合に、その超えた部分を払い戻す「**高額療養費**」の制度が設けられています。

> **知っ得！** 次の自己負担額は高額療養費の対象になりません！
> ・食事療養標準負担額
> ・生活療養標準負担額
> ・評価療養、選定療養または患者申出療養に係る自己負担分
> ・訪問看護療養費および家族訪問看護療養費に係るその他の利用料

## 9 高額介護合算療養費　介護と医療を合算した場合の自己負担の上限！

　同一の世帯に介護保険の利用者がいる場合、健康保険の自己負担額と介護保険の自己負担額の合計額が著しく高額になると、家計の負担は相当重くなります。そのため、負担を軽減できるように、**介護と医療の1年間の自己負担額**が一定の金額を超えた場合に、その超えた部分を払い戻す「**高額介護合算療養費**」の制度が設けられています。

## 10 移送費・家族移送費　いざというときの交通費！

　病気やケガで移動が困難な被保険者が、一時的・緊急的必要があるために病院へ移送されたときに、移動にかかった費用が「**移送費**」として支給されます。

> 被扶養者が移送された場合は、被保険者に対して家族移送費が支給されます。

## 11 傷病手当金　お休み期間中の生活保障！

　被保険者が病気やケガによる療養のため会社を休み、報酬を受けられない場合、被保険者と被扶養者の生活を保障するために設けられた制度が「**傷病手当金**」です。

◆ 支給要件

被保険者が療養のため、働くことができず、会社を休んだ日が**連続3日間**あったうえで、**4日目**から支給されます。支給期間は支給を始めた日から通算して1年6月間です。

**知っ得！** 傷病手当金がもらえないケースもある！

会社を休んだ期間について報酬を受ける場合は、傷病手当金は支給されません。
ただし、報酬の額が傷病手当金の額より少ないときは、差額が支給されます。

# Section 5 死亡に関する保険給付

CHAPTER 6 健康保険法

★Section5はこんな話★

健康保険では、被保険者および被扶養者の死亡について葬式代の補助として、**埋葬料**または**埋葬費**、ならびに**家族埋葬料**の支給を行っています。

> それぞれの要件や支給額についてみていくことにしましょう。

## 1 埋葬料

お葬式をしなくてもOK。扶養されていた人がもらえる!

**被保険者**が死亡した場合、その被保険者により生計を維持されていた埋葬を行う人に対して「**埋葬料**」として**5万円**が支給されます。

> 埋葬料は、親族関係がなくても、死亡した被保険者に扶養されていればもらうことができます。

## 2 埋葬費

お葬式をした人がもらえる。友人や近所の人などもOK!

「**埋葬費**」は、死亡した被保険者により生計を維持されていなかった親族や、友人・近隣者などが埋葬を行った場合に、**実際に埋葬を行った人**に対して支給されます。支給額は埋葬料（**5万円**）の範囲内で、実際に埋葬に要した費用です。

## 3 家族埋葬料

家族のお葬式代！

**被扶養者**が死亡した場合、被保険者に対して、「**家族埋葬料**」として**5万円**が支給されます。

CHAPTER 6　健康保険法

# Section 6 出産に関する保険給付

★Section6はこんな話★

子どもを出産するときには、産婦人科のある病院に入院するのが一般的です。その場合の入院費用は高額になるケースが多く、経済的負担の軽減を図るため、被保険者が出産したときは**出産育児一時金**を支給します。また、被扶養者が出産したときは、**家族出産育児一時金**を支給します。

出産前後の一定期間において、会社を休み報酬を受けられない場合には、被保険者の生活保障として出産手当金を支給する制度もあります。

## 1 出産育児一時金
出産時にもらえる一時金！

「**出産育児一時金**」は、被保険者が出産した場合に、一時金として支給されるものです。ここでいう出産とは、**妊娠4月以上の分娩**をいい、妊娠期間が4月以上であれば、死産や流産、早産でも支給されます。

支給額は産科医療補償制度に加入している医療機関で出産した場合は**50万円**となります。

知っ得！　**双子などの多胎出産の場合**
多胎出産の場合、胎盤数にかかわらず、胎児数に応じた額の出産育児一時金が支給されます。たとえば産科医療補償制度に加入している医療機関で双子を出産した場合、支給額は100万円になります。

226

## 2 家族出産育児一時金　　家族が出産した場合の一時金！

**被扶養者**が出産したときは、**被保険者**に対して「**家族出産育児一時金**」が支給されます。支給額は出産育児一時金と同額です。

## 3 出産手当金　　産休中の生活保障！

被保険者が出産のため会社を休み、報酬を受けない場合、その間の生活保障として「**出産手当金**」が支給されます。

支給期間は、**出産の日**（実際の出産が予定日より遅れた場合は出産予定日）**以前42日**（多胎妊娠の場合は**98日**）から**出産の翌日以後56日目**までの間で、労基法の産前産後休業期間にあたります。

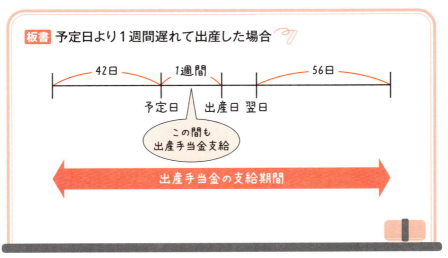

板書 予定日より1週間遅れて出産した場合

会社を休んだ期間について報酬を受けている場合は、出産手当金は支給されません。ただし、報酬の額が出産手当金の額より少ないときは、差額が支給されます。

# CHAPTER 6　健康保険法　過去問チェック！

**問1**　Section 1 **4**

所在地が一定しない事業所に使用される者で、継続して6か月を超えて使用される場合は、その使用される当初から被保険者になる。(R2-3エ)

**問2**　Section 1 **5**

被保険者の兄姉は、日本国内に住所を有し、主として被保険者により生計を維持している場合であっても、被保険者と同一世帯でなければ被扶養者とはならない。

(H29-2D改題)

**問3**　Section 2 **1**

労働基準法に基づく解雇予告手当又は退職を事由に支払われる退職金であって、退職時に支払われるもの若しくは事業主の都合等により退職前に一時金として支払われるものは報酬又は賞与には含まれない。(H26-9A)

**問4**　Section 2 **2**

健康保険の標準報酬月額は、第1級の58,000円から第47級の1,210,000円までの等級区分となっている。(H29-2B)

**問5**　Section 4 **3**

60歳の被保険者が、保険医療機関の療養病床に入院した場合、入院に係る療養の給付と併せて受けた生活療養に要した費用について、入院時生活療養費が支給される。(H25-5B)

**問6**　Section 4 **6**

67歳の被扶養者が保険医療機関である病院の療養病床に入院し、療養の給付と併せて生活療養を受けた場合、被保険者に対して入院時生活療養費が支給される。

(R元-2B)

228

**問7** Section 5 **1**

健康保険法第100条では、「被保険者が死亡したときは、その者により生計を維持していた者であって、埋葬を行うものに対し、埋葬料として、政令で定める金額を支給する。」と規定している。(R4-3ア)

**問8** Section 6 **2**

家族出産育児一時金は、被保険者の被扶養者である配偶者が出産した場合にのみ支給され、被保険者の被扶養者である子が出産した場合には支給されない。(R3-9A)

**問9** Section 6 **3**

被保険者（任意継続被保険者を除く。）が出産の日以前42日から出産の日後56日までの間において、通常の労務に服している期間があった場合は、その間に支給される賃金額が出産手当金の額に満たない場合に限り、その差額が出産手当金として支給される。(R2-10E)

解答

**問1** ✕ 所在地が一定しない事業所に使用される者は、使用期間にかかわらず被保険者とはしません。

**問2** ✕ 被保険者の兄姉は、原則、日本国内に住所を有する者で主としてその被保険者により生計を維持している場合は、被保険者と同一世帯に属していなくても、被扶養者となることができます。

**問3** ○

**問4** ✕ 健康保険の標準報酬月額は、第1級の58,000円から第50級の1,390,000円までの等級区分となっています。

**問5** ✕ 入院時生活療養費の対象となるのは、療養病床に入院する「65歳以上」の被保険者に限られます。

**問6** ✕ 設問の場合は、家族療養費が支給されます。

**問7** ○ なお、政令で定める金額は5万円とされています。

**問8** ✕ 家族出産育児一時金は、被保険者の被扶養者が出産したときに支給されます。例えば、妊娠中に離婚し実父の健康保険の被扶養者となった子が出産した場合、父に家族出産育児一時金が支給されます。

**問9** ✕ 出産手当金は、休んだ期間に対して支給されるものであり、通常の労務に服している期間については支給されません。

知っててよかった！

# 健康保険法

　健康保険には、労働者の生活の安定のために行う保険給付があり、その代表が「**傷病手当金**」です。傷病手当金は、病気やケガで働けなくなった時に被保険者とその家族の生活を保障するために設けられた制度で、事業主から十分な報酬を受けられない場合に現金で支給されます。

　支給要件は、被保険者が病気やケガのために働くことができず、会社を休んだ日が連続して3日間あったうえで、**4日目以降、休んだ日**に対して支給されます。支給期間は支給開始日から、通算1年6月間です。ただし、休んだ期間について事業主から傷病手当金の額より多い額の報酬を受けた場合には、傷病手当金は支給されません。

### 1日あたりの支給額

$$\text{支給開始日}^{*}\text{の以前12月間の各標準報酬月額を平均した額} \div 30\text{日} \times \frac{2}{3}$$

例　支給開始日以前12月間の標準報酬月額の平均が36万円の場合

$36\text{万円} \div 30 \times \frac{2}{3} = 8,000\text{円}$

1日あたりの支給額は8,000円となります。

＊　支給開始日とは、一番最初に傷病手当金が支給される日のことです。

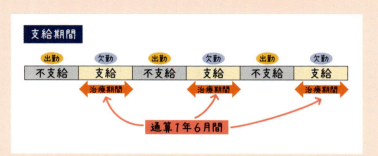

　一時的に出勤した場合でも1年6月の日数分の支給が可能です。がん治療のために入退院をくり返す場合など、仕事と治療を両立させる観点から、通算1年6月間支給することとしています。

入門講義編

## CHAPTER 7
# 国民年金法

CHAPTER 7 国民年金法

# Section 1 年金制度の概要

★Section1はこんな話★

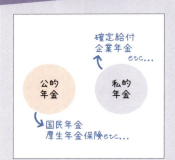

現在、年金といわれるものには、確定給付企業年金や確定拠出年金などの**私的年金**と、国が社会保障の給付として行う**公的年金**があります。公的年金は2層構造になっており、原則20歳以上のすべての国民が加入し、基礎給付を行う**国民年金**と、それに上乗せして支給される**厚生年金保険**があります。

Section 1 では公的年金の歩みについて、みていくことにします。

## 1 年金制度の歴史

### Ⅰ 労働者年金保険法のスタート

年金制度の歴史は、昭和16年に制定（施行は昭和17年）された「労働者年金保険法」までさかのぼります。当初は工場で働く男性労働者を加入対象としていましたが、その後、昭和19年に「厚生年金保険法」と名称が変わり、いわゆるホワイトカラーや女性も対象となりました。

### Ⅱ 国民皆年金体制の確立

厚生年金保険は、会社に勤めている人を対象としていたため、自営業者等についても年金制度を作るべきという声があがりました。そして、

**昭和36年**に自営業者等を対象とした「国民年金法」が本格的にスタートしたことにより、国民すべてがいずれかの公的年金制度に加入するという「**国民皆年金体制**」が確立しました。

## Ⅲ 昭和60年の大改正

　年金制度は、本格的な高齢社会に対応すべく、昭和60年に大きな改正が行われました（施行は昭和61年。この大きな改正をいわゆる「昭和60年改正」といいます。昭和60年改正前を「**旧法**」、改正後を「**新法**」といいます。）。改正前は、会社員は厚生年金保険のみに加入し、将来の年金も厚生年金保険制度からもらい、自営業者は国民年金のみに加入し、将来の年金も国民年金制度からもらうという、いわゆる「縦割り」の制度でしたが、改正により、国民年金を全国民共通の「基礎年金」と位置付けることで、いわゆる「横割り」の制度としました。これにより、会社員は、国民年金と厚生年金保険に加入し、将来の年金も、1階部分を国民年金（基礎年金）、2階部分を厚生年金とする「2階建て」構成の仕組みになりました（自営業者等についてはそれまでと変わらず、国民年金のみに加入し、将来もらえる年金も国民年金のみになります。）。

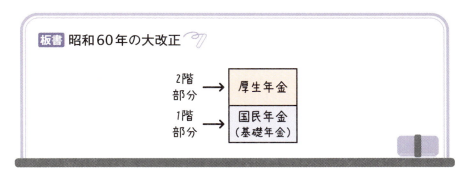

知っ得！　**公務員等の年金制度**
公務員等は、従来、共済年金に加入していましたが、改正（被用者年金一元化）により、平成27年10月から共済年金が厚生年金保険に統合され、公務員等についても会社員と同様、厚生年金保険に加入することになりました。

## 2 現在の年金制度

現在の年金制度を図で表すと次のとおりです。

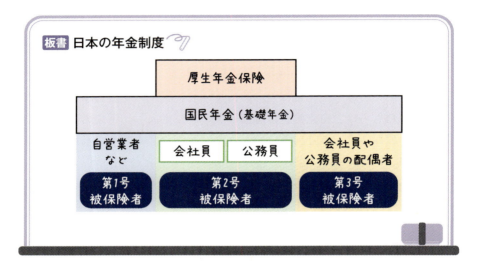

CHAPTER 7　国民年金法

# Section 2　国民年金とは？

★Section2はこんな話★

我が国の公的年金制度は、**20歳以上のすべての国民が加入する国民年金**と、**会社員や公務員が加入する厚生年金保険**があります。人は誰でも年をとります。年をとれば、若い頃のように働けなくなり、収入を得る能力が低下することもあるでしょう。また、病気やケガによって障害を負ってしまったり、不幸にも死に至るリスクも負っています。

公的年金制度は、このようなリスクに対し、安心して暮らせるための生活保障を行う仕組みとして、大きな役割を担っています！

## 1　国民年金法の目的は？　　健全な国民生活の維持のために！

　国民年金は、憲法第25条第2項の理念に基き、**老齢**、**障害**または**死亡**によって国民生活の安定がそこなわれることを**国民の共同連帯によって防止**し、**健全な国民生活の維持および向上**に寄与することを目的としています。

**知っ得！** **憲法第25条第2項**
国は、すべての生活部面について、社会福祉、社会保障および公衆衛生の向上および増進に努めなければならない。

## 2 強制加入被保険者　　必ず国民年金の被保険者となる！

　国民年金に加入する人を「**被保険者**」といい、この被保険者には、法律上当然に被保険者となる「**強制加入被保険者**」と、強制加入被保険者に該当しない一定の人からの任意の申出により被保険者となる「**任意加入被保険者**」があります。

　強制加入被保険者は、次のⅠ～Ⅲの3つの種類に分けられます。

### Ⅰ 第1号被保険者

　「**第1号被保険者**」は、日本に在住する**20歳以上60歳未満の人**であって、**第2号被保険者および第3号被保険者のいずれにも該当しないもの**です。ただし、厚生年金保険の老齢厚生年金などをもらえる人や医療滞在ビザで来日した者などは第1号被保険者から除かれます。

具体的には自営業者や大学生、無職の人などが該当します。

### Ⅱ 第2号被保険者

　「**第2号被保険者**」は、**会社員**や**公務員**など**厚生年金保険に加入している人**です。原則、年齢要件や国内居住要件はありません。

### Ⅲ 第3号被保険者

　「**第3号被保険者**」は、第2号被保険者に生計維持されている**20歳以上60歳未満の配偶者**で、日本国内に住所を有する者または外国に留学する学生等、日本国内に生活の基礎があると認められる者です。第2号被保険者である者や、医療滞在ビザで来日した者などは除かれます。

具体的には専業主婦（夫）の人が該当します。

板書 国民年金の被保険者のイメージ

 自営業者 第1号
 会社員・公務員 第2号
 専業主婦(夫) 第3号

## 3 任意加入被保険者

強制にはならない人もいる！

次の 1～3 のいずれかに該当する人は、**厚生労働大臣に申し出る**ことで被保険者となることができます。

板書 任意加入被保険者

→ 具体的には第1号被保険者になれなかった人

いずれか
1 日本に在住する20歳以上60歳未満の人で、老齢厚生年金などをもらえる人
2 日本に在住する60歳以上65歳未満の人
3 海外在住の日本人で20歳以上65歳未満の人

第2号被保険者および第3号被保険者は対象外です。また医療滞在ビザで来日した者などは任意加入被保険者となることはできません。

知っ得！ **国民年金の実施者は？**

国民年金の保険者は政府です。具体的な事務は、日本年金機構が行いますが、一部の事務については市町村長や特別区の区長などが行っています。

239

# Section 3 保険料

CHAPTER 7 国民年金法

★Section3はこんな話★

国民年金の保険料は、第1号被保険者および任意加入被保険者が個別に**毎月納付**しなければなりません。それに対して第2号被保険者および第3号被保険者は個別に納付する必要はありません。それは厚生年金保険の保険料の中に第2号被保険者および第3号被保険者の国民年金の保険料が含まれており、直接的には払っていなくても**間接的には国民年金の保険料を払っている**からです。

> そのため厚生年金保険の保険料は高くなっているのです。

## 1 国民年金の保険料の額

一律に決まっています!

1カ月の保険料の額は **16,520円**です(令和5年度の場合)。保険料は毎年度、保険料改定率(名目賃金変動率を基にした率)によって改定され(いわゆる賃金スライド)、その年の4月から適用されます。

**知っ得!** **付加保険料**

第1号被保険者の公的年金はいわゆる1階部分の基礎年金しかありません。そのため、将来の年金額を増やしたいという場合、任意に付加保険料を納めることができます。付加保険料は1カ月あたり400円で、通常の保険料とあわせて納めることになります。付加保険料を納めた場合、老齢基礎年金に上乗せして付加年金が支給されます。

| 付加年金 |
| 老齢基礎年金 |

→付加年金は2階部分というイメージです!

## 2 保険料の免除制度   *所得に応じて免除額は異なります！*

　国民年金の保険料は所得に関係なく定額制のため、第1号被保険者の中には、所得が低いなどの理由で保険料を納めるのが困難な人もいます。そこで、保険料の**免除制度**を設けています。

> **知っ得！　保険料の免除の対象者は第1号被保険者のみ**
> 保険料の免除制度を利用できるのは、第1号被保険者のみです。第2号被保険者や第3号被保険者は個別に保険料を納めていないため、免除の対象にはなりません。また、任意加入被保険者も免除の対象とはなりません。

　免除制度には、次の種類があり、その人の前年度の所得等により、使える免除制度が異なります。

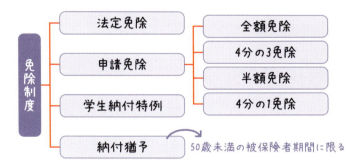

> **知っ得！　第1号被保険者の産前産後期間の保険料の免除**
> 第1号被保険者が出産する場合に、出産予定月の前月（多胎妊娠の場合は出産予定月の3月前）から出産予定月の翌々月までの各月の分の保険料が全額免除されます。
> この条件で保険料が免除された月は、保険料納付済期間に算入され、老齢基礎年金の額を計算する際には、満額につながる1月として評価されます。

## 3 保険料の追納

保険料の後払い制度、出世払い！

　保険料の免除制度を使った期間については、老齢基礎年金の額を計算するときに、保険料を納めた期間よりも低く評価されてしまいます。また、学生納付特例や納付猶予の期間は老齢基礎年金の額の計算にはまったく反映されません。
　そのため、免除期間については、保険料を将来、納めることができるようになった場合、免除期間の全部または一部について後から納付することを認めています。これを保険料の「**追納**」といいます。

知っ得！　**追納期間に注意！**
追納する場合、厚生労働大臣の承認を受ける必要があります。追納できる期間は、承認を受けた月前10年以内の期間に限られます。

## 4 保険料の前納

保険料が安くなるお得な納め方！

　保険料は、1カ月単位で納めるのが原則ですが、半年または1年を単位で（最大2年度分）、前払いで納めることができます。これを「**前納**」といい、前納した場合、保険料が割り引かれることになります。

CHAPTER 7 　国民年金法

# Section 4　給付の種類

★Section4はこんな話★

国民年金には、年をとったときにもらえる**老齢基礎年金**、障害が残ってしまったときにもらえる**障害基礎年金**、一家の生計の中心になっていた者が死亡した場合に遺族がもらえる**遺族基礎年金**があります。また、それ以外に第1号被保険者としての期間に基づいてもらえる**独自給付**や外国人が帰国した際にもらえる**脱退一時金**があります。

## 板書 国民年金の給付の種類

**被保険者の種類を問わずもらえる**
① 老齢基礎年金
② 障害基礎年金
③ 遺族基礎年金

**第1号被保険者期間に基づいてもらえる**
④ 付加年金
⑤ 寡婦年金
⑥ 死亡一時金

**帰国した外国人がもらえる**
⑦ 脱退一時金

**待っていてももらえない。請求が必要！**
給付をもらうためには、請求が必要です。たとえば老齢基礎年金は原則65歳からもらえますが、65歳になったからといって自動的に口座に年金が振り込まれるわけではありません。厚生労働大臣に老齢基礎年金の請求をし、厚生労働大臣が裁定することによって、もらうことができるのです。

243

CHAPTER 7　国民年金法

# Section 5　老齢基礎年金

★Section5はこんな話★

老齢基礎年金は、年をとって働けなくなったりして所得がなくなったことにより、生活の安定がそこなわれることを防ぐための年金です。ただし、すべての国民がもらえるわけではなく、**支給要件を満たしていることが必要**です。

老後の生活保障ですね！

## 1　支給要件

老齢基礎年金をもらうには？

　老齢基礎年金をもらうためには、**65歳**になっていることのほかに、保険料を納付した期間（「**保険料納付済期間**」といいます。）と保険料が免除された期間（「**保険料免除期間**」といいます。）を合計した期間が**10年以上**（これを「**受給資格期間**」といいます。）必要です。

　ただし、保険料納付済期間と保険料免除期間を合計して10年ない場合でも、「**合算対象期間**」を入れて10年になれば、支給要件を満たすことになります。

244

**知っ得！** 合算対象期間とは

合算対象期間は、本人の責任ではなく、制度の仕組みによって年金制度に加入できなかった期間等について、不利益が生ずることのないよう、年金権や公平性を確保する観点から設けられたもので、たとえば海外在住の日本人が任意加入しなかった期間などが該当します。

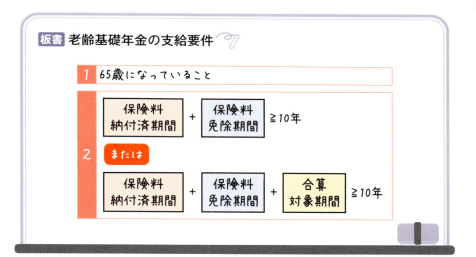

## 2 老齢基礎年金の額　保険料をどれくらいの期間納めたかで決まります！

　老齢基礎年金の額は**780,900円×改定率**です。これは、保険料の納付済期間が**480月**（**40年**）ある人がもらえる金額です。保険料免除期間や滞納期間がある人はこの金額より少なくなります。

**知っ得！** 改定率とは？

改定率は、賃金スライドや物価スライドによって毎年度改定されます。この改定率が変更されることによって年金額も毎年度改定されることになります。また、改定率は生年月日によって異なります。

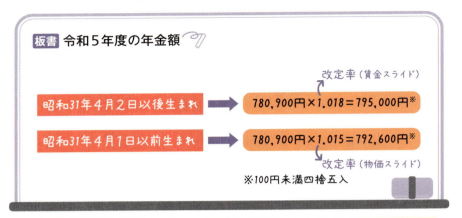

> 知っ得！ **年6回、偶数月にもらえる**
> 年金は1年分をまとめてもらうのではなく、年6回に分けてもらう決まりとなっています。具体的には、偶数月の15日に前2カ月分の年金がもらえることになっています。

## 3 支給の繰上げ・繰下げ　　早くもらう、遅くもらうもできる！

　老齢基礎年金の支給開始年齢は、原則として65歳ですが、65歳になる前に請求すれば支給の開始を早めることができます。これを**支給の繰上げ**といいます。
　また、逆に65歳から年金をもらわずに先延ばしすることもできます。これを**支給の繰下げ**といいます。

### Ⅰ 支給の繰上げ

　支給の繰上げは、65歳になる前に厚生労働大臣に支給繰上げの**請求**をします。
　ただし、繰り上げて年金をもらうと、年金額が**0.4%**×繰り上げた月数分減額されてしまい、65歳以降も年金額は減額されたままです。
　また、任意加入被保険者は支給繰上げの請求はできません。

> **板書** 老齢基礎年金の支給繰上げの例
>
> **例** 60歳で繰上げの請求をした場合（5年早くもらう場合）
>
> $\boxed{0.4\%} \times \boxed{60月（5年）} = \boxed{24\%}$ ➡ 老齢基礎年金が24％減額される

## II 支給の繰下げ

　支給の繰下げは、66歳以降に厚生労働大臣に支給繰下げの**申出**をします。

　繰り下げた場合、年金額は**0.7％**×繰り下げた月数分増額されます。

> **知っ得！　75歳まで繰下げ可能に**
>
> 令和4年4月より繰下げ支給の上限年齢が引き上げられました。改正前の繰下げ支給の上限年齢は70歳で、これ以上繰下げの申出を先延ばししても、70歳で繰り下げたものとみなされました。今回の改正で75歳まで繰下げ支給の年齢が引き上げられることになりました。

> **板書** 老齢基礎年金の支給繰下げの例
>
> **例** 75歳で繰下げの申出をした場合（10年遅くもらう場合）
>
> $\boxed{0.7\%} \times \boxed{120月（10年）} = \boxed{84\%}$ ➡ 老齢基礎年金が84％増額される
>
> 120月が最大。これ以上申出を先延ばししても月数は120月！

# Section 6　障害基礎年金

CHAPTER 7　国民年金法

★Section6はこんな話★

障害基礎年金は、病気やケガにより、心身に一定の障害が残った場合にもらえるものです。支給要件として、**初診日に国民年金の被保険者等であったこと、障害認定日に障害等級に該当すること、保険料の納付要件を満たしていること**が必要です。

> 障害で働けない人のための
> 生活保障ですね！

## 1　支給要件

障害基礎年金をもらうには？

障害基礎年金をもらうためには、次の❶❷❸のすべての要件を満たす必要があります。

板書　障害基礎年金の支給要件

**1　被保険者等要件**

初めて医師または歯科医師の診療を受けた日

障害の原因となった傷病に係る初診日において次のいずれかに該当
①初診日において、被保険者であること
②初診日において、被保険者であった者で、日本国内に居住している60歳以上65歳未満のものであること

## 2 障害要件

障害認定日において、障害等級1級 または 障害等級2級 に該当する障害の状態にあること

→ 障害認定日とは次の①または②のいずれかの日
① 初診日から起算して1年6カ月を経過した日
② 上記①の期間内に傷病が治った場合には、その治った日

## 3 保険料納付要件

初診日の前日において、
初診日の属する月の前々月までの被保険者期間のうち、
保険料納付済期間と保険料免除期間が
被保険者期間全体の3分の2以上を満たしていること

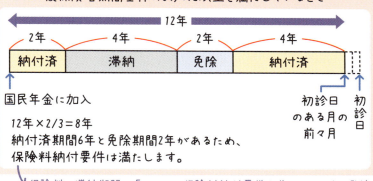

12年×2/3＝8年
納付済期間6年と免除期間2年があるため、
保険料納付要件は満たします。

→ 保険料の滞納期間が長いため、保険料納付要件を満たせない人を救済する、次のような特例措置もあります！

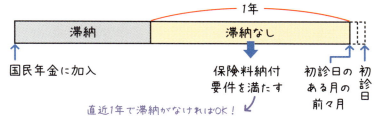

直近1年で滞納がなければOK！

## 2 障害基礎年金の額　障害の状態や子どもがいるいないで決まります！

### I 基本額

　障害基礎年金の額は、老齢基礎年金の満額と同じで**780,900円×改定率**です。令和5年度の年金額は、昭和31年4月2日以後に生まれた人は、**795,000円**、昭和31年4月1日以前に生まれた人は、**792,600円**になります。ただし、この額は、障害等級2級の年金額で、1級の場合は**2級の年金額の1.25倍**となります。

### II 子の加算

　子どもがいる場合には、子どもの扶養手当として**子の加算額**がプラスされます。

　ただし、子の加算額がつくのは、原則、子どもが高校を卒業するまで（18歳の年度末まで）となります。

| 加算対象の子 | 加算額 |
|---|---|
| 1人目・2人目の子 | 1人につき224,700円×改定率 |
| 3人目以降の子 | 1人につき　74,900円×改定率 |

CHAPTER 7　国民年金法

# 遺族基礎年金

★Section 7はこんな話★

遺族基礎年金は、一家の生計の中心となっていた人が死亡した場合に、その**遺族**がもらえる年金です。遺族基礎年金がもらえるのは、**配偶者または子どもに限定**されており、配偶者がもらう場合は、**子どもがいることが条件**となります。また、遺族基礎年金の支給要件として**死亡した人の要件**と**遺族の要件**があり**両方を満たすことが必要**です。

> 遺族基礎年金は子育て年金で、
> 父子家庭または母子家庭のためのものです。

## 1　支給要件　　遺族基礎年金をもらうには？

遺族基礎年金をもらうには、死亡した人の要件、遺族の要件の2つを満たす必要があります。

### Ⅰ 死亡した人の要件

遺族基礎年金の対象となる死亡した人については、**死亡日**において次の 1 ～ 4 のいずれかに該当する必要があります。

> **板書** 遺族基礎年金の被保険者等要件

受け取っていなくても請求すれば受け取ることができる人も含む！

いずれか
1. 死亡日において、被保険者であること
2. 死亡日において、被保険者であった者で、日本国内に居住している60歳以上65歳未満のものであること
3. 死亡日において、老齢基礎年金をもらう権利のある人（保険料納付済期間と保険料免除期間を合計した期間が25年以上の場合に限る）
4. 死亡日において、老齢基礎年金をもらう権利はないが、保険料納付済期間と保険料免除期間を合計した期間が25年以上ある人

**1と2には保険料納付要件あり**
死亡日の前日において、死亡日の属する月の前々月までの被保険者期間のうち、保険料納付済期間と保険料免除期間が被保険者期間全体の3分の2以上を満たしていることが必要！　ただし、直近1年間に滞納がなければOKという特例あり！

保険料納付要件の考え方は障害基礎年金と同じだね。初診日という言葉を死亡日に読み替えただけなんだ。

## Ⅱ 遺族の範囲

　遺族基礎年金をもらうことができる遺族は、**死亡した人によって生計を維持されていた配偶者または子ども**で、かつ、次の要件に該当するものです。

### 板書　遺族の範囲

| 配偶者 | 子ども |
|---|---|
| 右記に該当する子と生計を同じくすること | 18歳の年度末までにあるかまたは20歳未満であって障害等級1級または2級に該当し、かつ、婚姻をしていないこと |

母子家庭や父子家庭がもらえるんだ！

### 知っ得　「生計を維持されていた」とは

「生計を維持されていた」とは、死亡した人と生計を同じくしていた人で、年収が850万円未満の人が該当します。

## 2　遺族基礎年金の額

遺族の数で額が決まります！

### I　配偶者に支給する場合

　遺族基礎年金の額は、老齢基礎年金の満額と同じで **780,900円×改定率** です。令和5年度の額は、昭和31年4月2日以後に生まれた人は、**795,000円**、昭和31年4月1日以前に生まれた人は、**792,600円** になります。また、子どもの数に応じた子の加算額がつきます。

| 加算対象の子 | 加算額 |
|---|---|
| 1人目・2人目の子 | 1人につき224,700円×改定率 |
| 3人目以降の子 | 1人につき　74,900円×改定率 |

## Ⅱ 子どもに支給する場合

　子どもが 1 人の場合は、**780,900円×改定率**になりますが、子どもが **2 人以上**の場合、780,900円×改定率に次の額を加算した額を、**子どもの数で割ったもの**が、1 人あたりの年金額になります。

| 子 | 2人目以降の子の加算額 |
|---|---|
| 2人目の子 | 224,700円×改定率 |
| 3人目以降の子 | 1人につき74,900円×改定率 |

# Section 8 第1号被保険者に対する独自給付

CHAPTER 7 国民年金法

★Section8はこんな話★

今までみてきた老齢基礎年金、障害基礎年金、遺族基礎年金は、すべての被保険者を対象としたものですが、国民年金にはこれ以外にも、**第1号被保険者期間がある人を対象とした独自給付**があります。具体的には**付加年金、寡婦年金、死亡一時金**です。

外国人がなんら給付をもらうことなく、帰国した場合に、保険料の掛け捨てに配慮して脱退一時金を支給する制度もあります。

## 1 付加年金　　　老齢基礎年金に上乗せして支給！

「付加年金」は、**付加保険料**を納めた第1号被保険者が、**老齢基礎年金**をもらうときにそれに上乗せされる年金です。付加年金の額は**200円×付加保険料納付済期間の月数**です。

## 2 寡婦年金(かふ)　　保険料の掛け捨て防止！ 残された妻への年金！

「寡婦年金」は、老齢基礎年金をもらうために必要な**第1号被保険者**としての被保険者期間に係る**保険料納付済期間と保険料免除期間を合算した期間が10年以上**である夫が、老齢基礎年金や障害基礎年金をもらうことなく死亡した場合に、保険料の掛け捨てにならないよう、妻がもらえる年金です。寡婦年金をもらえる期間は、**60歳**から妻自身の老齢

255

基礎年金がもらえる**65歳までの間**です。

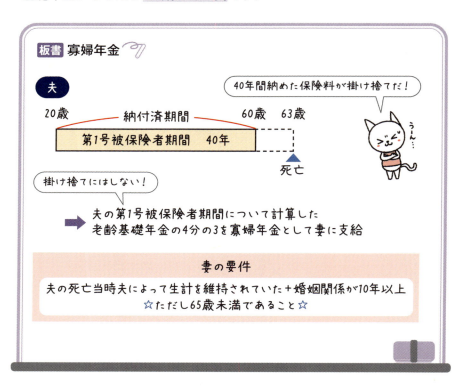

## 3 死亡一時金　　　保険料の掛け捨て防止！

「死亡一時金」は、保険料を**36月分以上**納付した人が老齢基礎年金や障害基礎年金をもらうことなく死亡した場合に、保険料の掛け捨てにならないよう、一定の遺族がもらえる一時金です。

一定の遺族の範囲とは、死亡した人の**配偶者、子、父母、孫、祖父母または兄弟姉妹**で、死亡した人と生計を同じくしていた人です。年齢要件は問いません。

死亡一時金の額は、最低12万円から最高32万円で、保険料納付済期間が長い人ほど金額が高くなります。

## 4 脱退一時金   保険料の掛け捨て防止！ 外国人がもらえる！

　外国人は、日本国内にいるときは、原則、日本人と同様に国民年金に加入しなければなりません。しかし在留期間が短く、老齢基礎年金をもらうだけの保険料納付済期間等（10年以上）を満たせない場合、せっかく納めた保険料が無駄になってしまいます。

　そこで、短期在留外国人が国民年金に加入（原則保険料納付済期間が**6月以上**）したものの、なんらの給付をもらうことなく帰国した場合には**脱退一時金を請求することができる**ようにしています。ただし、次の**1**から**3**のいずれかの人は脱退一時金を請求することはできません。

> **板書** 脱退一時金を請求することができない人
>
> 1 日本に在住しているとき
> 2 障害基礎年金等の受給権を有していたことがあるとき
> 3 帰国してから2年を経過しているとき

脱退一時金の額は、保険料を納めた期間によって異なります。

# CHAPTER 7　国民年金法　過去問チェック！

**問1**　Section 2 **2**

20歳未満の厚生年金保険の被保険者は、国民年金の第2号被保険者となる。

(H29-10C)

**問2**　Section 3 **2**

日本国内に住所を有する60歳以上65歳未満の任意加入被保険者が法定免除の要件を満たすときには、その保険料が免除される。(H27-6ア)

**問3**　Section 5 **1**

65歳に達したときに、保険料納付済期間と保険料免除期間（学生納付特例期間及び納付猶予期間を除く。）とを合算した期間を7年有している者は、合算対象期間を5年有している場合でも、老齢基礎年金の受給権は発生しない。(H30-6D)

**問4**　Section 6 **2**

障害基礎年金の受給権者が、その権利を取得した日の翌日以後にその者によって生計を維持している65歳未満の配偶者を有するに至ったときは、当該配偶者を有するに至った日の属する月の翌月から、当該障害基礎年金に当該配偶者の係る加算額が加算される。(R4-5B)

**問5**　Section 7 **2**

被保険者である夫が死亡し、その妻に遺族基礎年金が支給される場合、遺族基礎年金には、子の加算額が加算される。(R2-2E)

**問6**　Section 8 **2**

第1号被保険者としての被保険者期間に係る保険料納付済期間が25年以上あり、老齢基礎年金及び障害基礎年金の支給を受けたことがない夫が死亡した場合において、死亡の当時当該夫によって生計を維持し、かつ、夫との婚姻関係が10年以上継続した妻が60歳未満であるときは、寡婦年金の受給権が発生する。(R4-3B)

258

**問7** Section 8 **4**

脱退一時金の支給の請求に関し、最後に被保険者の資格を喪失した日に日本国内に住所を有していた者は、同日後初めて、日本国内に住所を有しなくなった日から起算して2年を経過するまでに、その支給を請求しなければならない。(R4-3C)

---

解答

**問1** ○

**問2** ×　任意加入被保険者は、保険料免除の対象とはなりません。

**問3** ×　設問の場合、保険料納付済期間と保険料免除期間及び合算対象期間を合算した期間が12年で、10年以上あるため受給資格期間を満たしているものとして、老齢基礎年金の受給権が発生します。

**問4** ×　障害基礎年金の加算は子に係るもので、配偶者に係る加算はありません。

**問5** ○

**問6** ○

**問7** ○

知っててよかった！
# 国民年金法

## I マクロ経済スライドとは

　日本の年金制度は、被保険者から徴収した保険料を、将来自分が年金を受給するときに必要となる財源として積み立てておくものではなく、その時の年金受給者の財源に充てられます。これを**賦課方式**といい、現役世代から年金受給世代への仕送りに近いイメージです。しかし、少子高齢化が進行すると、保険料を負担する現役世代の人数が減り、年金を受け取る高齢者の人数が増加していきます。このため、賦課方式のもとで年金の給付水準を維持しようとすると、現役世代の保険料負担が増えてしまうことになります。

　この問題を解決するために平成16年に法改正が行われ、**保険料水準固定方式**と**マクロ経済スライド**が導入されました。

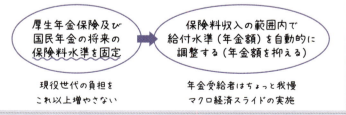

　それでは、マクロ経済スライドとは具体的にどのような仕組みなのでしょうか。まず、マクロ経済スライドを実施するのは、**給付と負担の均衡が保たれていない期間**です。これを調整期間といいます。

　それでは、どのような方法で年金額を抑えるのでしょう。例えば、ある年の賃金が0.3％上昇したとします。そうすると、本来であれば、年金額も0.3％プラス改定しなければなりません。しかし、調整期間においては年金額の伸びを抑制する（賃金や物価が上昇するほど年金額は増やさない）必要があるため、実際の賃金や物価[*1]の伸び率から「スライド調整率」を差し引いた率によって、年金額を改定します。

*1　賃金、物価ともに上昇している年度は原則、68歳未満は賃金、68歳以上は物価を基準に年金額を改定します。

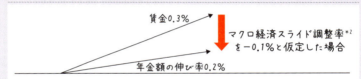

　上記のケースの場合、賃金は0.3％上昇しましたが、年金額の伸びは0.2％に抑えます。これがマクロ経済スライドの基本的な仕組みです。

*2　マクロ経済スライド調整率は、公的年金被保険者数の変動と65歳時の平均余命の伸びを勘案して毎年度改定されます。

## Ⅱ　令和3年4月より導入された年金額改定のルール

　年金は世代間の仕送りであることから、賃金が低下している年度は、68歳未満も68歳以上も賃金の低下に合わせて年金額を改定します。

　なお、賃金がマイナスの場合、マクロ経済スライドは行いません。

入門講義編

CHAPTER 8
# 厚生年金保険法

# CHAPTER 8 厚生年金保険法

## Section 1 厚生年金保険とは？

★Section1はこんな話★

厚生年金保険は、**会社員**や**公務員**を対象とする年金制度です。国民年金は、保険料の額も将来もらえる年金額も**定額**となっていますが、厚生年金保険は、お給料の額に応じた保険料を納め、将来もらえる年金額も、**そのお給料の額に基づいた額**になります。

> お給料に応じてもらえる年金額が決まるため、
> 「報酬比例」の年金といわれています。

### 1 厚生年金保険法の目的は？　　労働者とその遺族が対象！

厚生年金保険法は、労働者の**老齢**、**障害**、**死亡**について保険給付を行い、**労働者と遺族の生活の安定と福祉の向上に寄与する**ことを目的としています。

### 2 適用事業所　　厚生年金保険に加入する事業所は？

厚生年金保険の適用事業所には、強制的に適用を受ける「**強制適用事業所**」と、厚生労働大臣の**認可**を受けて適用事業所となる「**任意適用事業所**」の２種類があります。

## Ⅰ 強制適用事業所

次の1～3のいずれかに該当する事業所が強制適用事業所となります。

---

**板書 強制適用事業所**

| 1 | 常時5人以上の従業員を使用して**適用業種**を行う個人の事業所 |
| 2 | 常時1人以上の従業員を使用する国、地方公共団体または法人の事業所 |
| 3 | 船員として船舶所有者に使用される者が乗り組む船舶 |

→ この船舶が強制適用事業となる点を除けば、健康保険と同じです。

---

「船舶」が適用事業所…？ と思われるかもしれません。
たしかに実際に厚生年金保険の事務を行うのは、日本国内にある事務所になりますが、船舶所有者を事業主とみなし、船舶を事業所とみなすことにしています。

## Ⅱ 任意適用事業所

次の1または2の事業所は強制適用事業所ではありませんが、厚生労働大臣の**認可**を受けて適用事業所とすることができます。

> **板書** 任意適用事業所
>
> | 1 | 常時5人未満の従業員を使用する個人の事業所 |
> | 2 | 常時5人以上の従業員を使用して非適用業種を行う個人の事業所 |
>
> ➕ 厚生労働大臣の認可

 適用業種と非適用業種の範囲は健康保険とまったく同じです。健康保険法で確認しておきましょう。また、任意適用事業所となるための認可を受けるために必要な従業員からの同意についても、健康保険法と同様です。

## 3 被保険者

基本は会社員が被保険者となる！

厚生年金保険の被保険者は、本人の意思にかかわらず、法律上当然に被保険者となるものと、任意に被保険者となることができるものに分けられます。

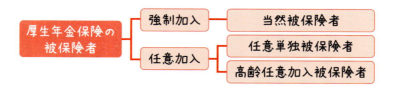

### I 当然被保険者

適用事業所に使用される70歳未満の人で、適用除外（後記 4 で学習します。）に該当しない人です。

### II 任意単独被保険者

適用事業所以外の事業所に使用される70歳未満の人は、任意で厚生

年金保険の被保険者となることができます。ただし、**事業主の同意**を得ることと、**厚生労働大臣の認可**を受けることが必要です。

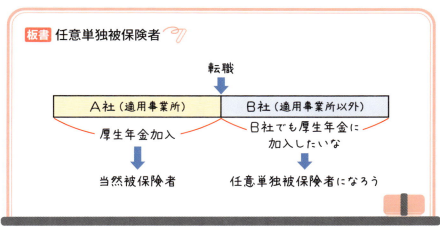

任意単独被保険者は事業所を転々と移動する人を想定してできた制度です。

### Ⅲ 高齢任意加入被保険者

　厚生年金保険では、被保険者が**70歳**になったときに資格を喪失します。

　しかし、70歳になったときに老齢厚生年金などがもらえない人は、引き続き任意で厚生年金保険の被保険者となることができます。これが「**高齢任意加入被保険者**」の制度で、なんらかの理由で公的年金の加入期間が短かったり、過去の国民年金保険料の未納期間が多い人などが該当します。

高齢任意加入被保険者は、勤めている会社が適用事業所か適用事業所でないかで、被保険者となるルートが異なります。

> **知っ得！** 被保険者の種別
> 厚生年金保険の被保険者には4つの種別があり、会社員は第1号厚生年金被保険者、国家公務員は第2号厚生年金被保険者、地方公務員は第3号厚生年金被保険者、私立学校の教職員は第4号厚生年金被保険者といいます。

## 4 適用除外　　　　厚生年金保険の被保険者としない人は？

　適用事業所に使用される人であっても、次の 1 から 5 に該当する人は厚生年金保険の被保険者としません。

---

**板書　厚生年金保険の被保険者としない人（原則）**

| 1 | 臨時に使用される人 → 日雇の人、契約期間が2カ月以内で契約期間を超えて使用されることが見込まれない人 |
| --- | --- |
| 2 | 巡回興行の大衆演劇など所在地が一定しない事業所に使用される人 |
| 3 | 冬の除雪作業など季節的な業務に4カ月以内の契約期間で働く人 |
| 4 | 博覧会など臨時的事業の事業所に6カ月以内の契約期間で働く人 |
| 5 | パートやアルバイトなどで<br>　[1週間の所定労働時間が正社員の所定労働時間の4分の3未満] **または** [1カ月の所定労働日数が正社員の4分の3未満]<br>　**かつ**<br>　次の①から③のいずれかに該当する人<br>　①1週間の所定労働時間が20時間未満<br>　②報酬が月額88,000円未満<br>　③学生等である |

268

# Section 2 保険料・標準報酬

CHAPTER 8 厚生年金保険法

★Section2はこんな話★

厚生年金保険では、被保険者が受けている**報酬**や**賞与**をもとに保険料の額や保険給付の額を計算します。この計算の基礎となるものが、**総報酬**です。総報酬制度では、**被保険者の報酬の額に基づいて標準報酬月額**を、また、**被保険者の賞与の額に基づいて標準賞与額**を決定し、保険料および保険給付の額を計算します。この標準報酬月額と標準賞与額をあわせて**標準報酬**といいます。この考え方は健康保険法でも同じです。

> 健康保険も厚生年金保険もともに会社員等が
> 加入する社会保険であるため、共通点も多いです！
> もう一度、健康保険法に戻って確認しましょう。

## 1 保険料の額

標準報酬をベースに考えます！

保険料の額は、**標準報酬月額**および**標準賞与額**に、それぞれ保険料率を掛けて計算します。

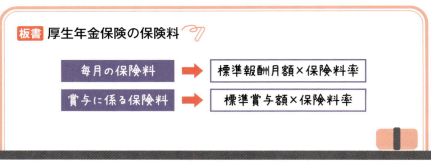

 賞与からも保険料を徴収するんだ。これは健康保険と同じだね。

## 2 保険料率　　　　　　　　　　健康保険よりも高めに設定！

　厚生年金保険の保険料率は、原則として、**1000分の183**となっています。

## 3 保険料の負担割合　　　　　　　　半額負担が原則！

　保険料は、事業主と被保険者が**2分の1ずつ負担**します。ただし、適用事業所に使用される高齢任意加入被保険者については、保険料半額負担を事業主が同意しない場合は、被保険者本人が全額を負担しなければなりません。また、適用事業所以外の事業所に使用される高齢任意加入被保険者と任意単独被保険者の保険料は、原則どおり、事業主と被保険者が2分の1ずつ負担します。

## 4 保険料の納付の仕組み　　健康保険と同様！

　毎月の保険料は、**事業主が健康保険料とあわせて納付**します。納付期日は**翌月末日**で、事業主負担分と被保険者負担分の合計額を納めます。ただし、適用事業所に使用される高齢任意加入被保険者については、事業主が同意しない場合は、被保険者本人が全額を納付しなければなりません。
　一連の流れは、健康保険とまったく同じです。

## 5 健康保険との違い

　これまでみてきたように、保険料・標準報酬については、ほぼ健康保険と同じなのですが、大きく違う点があります。それは、標準報酬月額の区分と標準賞与額の上限額です。その点を整理しておきましょう。

|  | 健康保険 | 厚生年金保険 |
| --- | --- | --- |
| 標準報酬月額 | 第1級（58,000円）～<br>第50級（1,390,000円） | 第1級（88,000円）～<br>第32級（650,000円） |
| 標準賞与額の上限 | 年度の累計額の上限は**573万円** | 標準賞与1回（1月）あたりの上限額は**150万円** |

健康保険では、給与の多い人からは保険料をたくさん徴収するって考えなんだ。
厚生年金保険では、年金額が高額にならないよう上限額を抑えているんだ。

# Section 3 保険給付の種類

CHAPTER 8　厚生年金保険法

★Section3はこんな話★

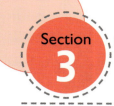

厚生年金保険の保険給付は国民年金と同様に、年をとったときにもらえる**老齢厚生年金**、障害が残ってしまったときにもらえる**障害厚生年金**、一家の生計の中心になっていた者が死亡した場合に遺族がもらえる**遺族厚生年金**があります。

国民年金にもあった外国人が帰国した際にもらえる脱退一時金の制度もあります。

## 1 保険給付の種類

国民年金との違いに注意しよう！

厚生年金保険の保険給付には、次のものがあります。

板書 保険給付の種類

① 老齢厚生年金 ── 本来の老齢厚生年金／特別支給の老齢厚生年金
② 障害厚生年金
③ 障害手当金 → 国民年金にはなかったね！
④ 遺族厚生年金
⑤ 脱退一時金

## 2 本来の老齢厚生年金と特別支給の老齢厚生年金とは？
### 老齢厚生年金には2種類ある！

　老齢厚生年金には、原則65歳からもらえる老齢厚生年金（これを「**本来の老齢厚生年金**」といいます。）と、65歳未満の人がもらえる老齢厚生年金（これを「**特別支給の老齢厚生年金**」といいます。）の2種類があります。

　この2つは別々の年金で、支給要件も異なります。特別支給の老齢厚生年金は**65歳になると受給権が消滅**し、新たに本来の老齢厚生年金を受けることになります。この本来の老齢厚生年金は**終身年金**で、**死亡したとき**にのみ受給権が消滅します。

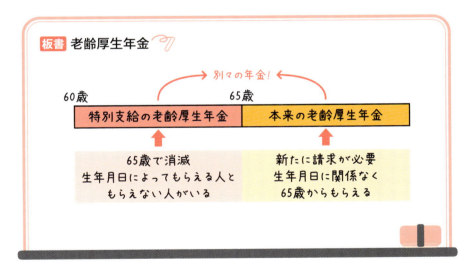

CHAPTER 8 厚生年金保険法

# Section 4 本来の老齢厚生年金

★Section4はこんな話★

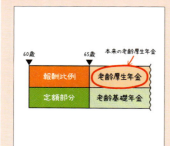

Section 3でも述べたように、老齢厚生年金には2種類ありますが、まずは**65歳からもらえる本来の老齢厚生年金**についてみていくことにしましょう。

> 本来の老齢厚生年金は、
> 65歳から支給！

## 1 支給要件

本来の老齢厚生年金をもらうには？

本来の老齢厚生年金は、厚生年金保険の被保険者期間が**1月以上**ある人が、次の1 2のいずれにも該当したときにもらうことができます。

**板書 本来の老齢厚生年金の支給要件**

1 65歳以上であること

2 原則として、保険料納付済期間と保険料免除期間を合計した期間が10年以上あること

→ 保険料納付済期間と保険料免除期間と合算対象期間を合計した期間が10年以上でも構いません！

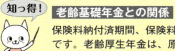

> **知っ得!** 老齢基礎年金との関係
> 保険料納付済期間、保険料免除期間および合算対象期間は、国民年金と同じです。老齢厚生年金は、原則として65歳から国民年金の老齢基礎年金に上乗せする形でもらえるものなので、老齢基礎年金の支給要件を満たすことが必要なのです。

## 2 支給の繰上げ・繰下げ

　老齢厚生年金も老齢基礎年金と同様、60歳から繰上げ支給の請求をしたり、75歳で繰下げの申出をすることができます。減額率・増額率も老齢基礎年金と同じ率となります。

## 3 本来の老齢厚生年金の額　　標準報酬をベースに計算します!

　厚生年金保険では、標準報酬の額によって納めた保険料が異なるため、保険給付の額を計算するときにも**標準報酬**をもとに計算していきます。

板書 本来の老齢厚生年金の額の計算式

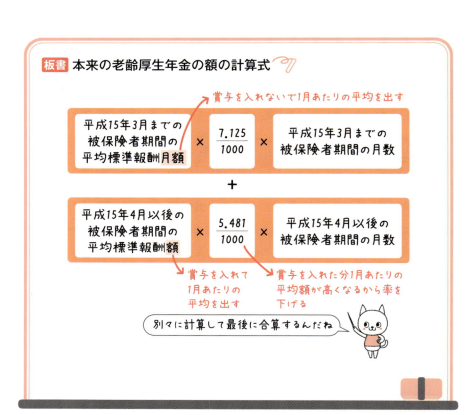

知っ得！ 率が異なるのはなぜ？

平成15年3月までは、月の報酬のみに基づいて年金額を計算していましたが、改正によって、平成15年4月から月の報酬だけでなく、賞与もあわせて年金額を計算することになったため、平成15年3月までと、平成15年4月からで、計算方法が異なるのです。

# 4 加給年金額

年金につく扶養手当！

## I 支給要件

加給年金額とは、**扶養手当**のことで、次の要件を満たす人には、**本来の老齢厚生年金の額に加給年金額が加算**されます。

> **板書** 加給年金額の支給要件
>
> 1. 厚生年金保険の被保険者期間が原則240月（20年）以上ある人
> 2. 次の対象家族の生計を維持していること
>    ① 65歳未満の配偶者
>    ② 18歳の年度末までにある子または、20歳未満で障害等級1級または2級に該当する子

## II 加給年金の額

| 加算対象者 | 加給年金額 |
| --- | --- |
| 配偶者 | 224,700円×改定率※ |
| 1人目・2人目の子 | 1人につき224,700円×改定率※ |
| 3人目以降の子 | 1人につき 74,900円×改定率※ |

※改定率は、国民年金と同じです。

# Section 5 特別支給の老齢厚生年金

CHAPTER 8 厚生年金保険法

★Section5はこんな話★

昭和60年改正前は、厚生年金保険の老齢年金の支給開始年齢は60歳とされていましたが、改正により、老齢基礎年金の支給開始年齢に合わせて、老齢厚生年金の支給開始年齢を65歳に引き上げることとされました。特別支給の老齢厚生年金は、支給開始年齢をスムーズに引き上げるために設けられた措置です。

> 特別支給の老齢厚生年金は、生年月日によって支給開始年齢やもらえる額が異なるばかりでなく、もらうことができない人もいます。

## 1 特別支給の老齢厚生年金の仕組み 段階的に年金の支給開始年齢を引き上げる！

旧法では、**定額部分**（生活最低保障部分）と**報酬比例部分**をあわせた額の老齢年金を60歳から支給していました。それが、昭和60年改正により支給開始年齢を60歳から65歳に引き上げることとなりましたが、突然引き上げてしまうと、国民に大きな不利益を与えることになってしまいます。そこで、暫定的な措置として、60歳から「**特別支給の老齢厚生年金**」を支給することにしました。その後、平成６年の改正により、定額部分の支給開始年齢を段階的に引き上げ、**報酬比例部分のみの特別支給の老齢厚生年金**に切り替えることとし、さらに、平成12年の改正により、今度は報酬比例部分の支給開始年齢を段階的に引き上げ、最終的に**特別支給の老齢厚生年金を廃止**することにしました。

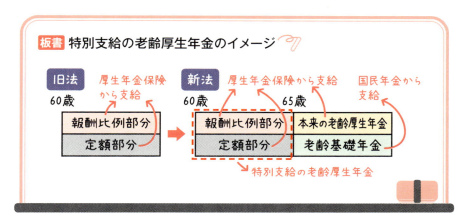

## 2 支給要件　　特別支給の老齢厚生年金をもらうには？

特別支給の老齢厚生年金をもらうことができるのは、次の**1**～**3**のすべてに該当する人です。

**板書　特別支給の老齢厚生年金の支給要件**

1. 60歳以上であること
2. 厚生年金保険の被保険者期間が1年以上あること
   → 本来の老齢厚生年金は、被保険者期間が1月以上。違いに注意！
3. 原則として、保険料納付済期間と保険料免除期間を合計した期間が10年以上必要
   → 保険料納付済期間と保険料免除期間と合算対象期間を合計した期間が10年以上でもOK。本来の老齢厚生年金と同じ！

ただし、**昭和36年4月2日以後生まれの人**（第1号厚生年金被保険者の女子については**昭和41年4月2日以後生まれの人**）は、支給開始年齢の引上げが完了しているため、特別支給の老齢厚生年金をもらうことはできません。

## 3 支給開始年齢　　特別支給の老齢厚生年金はいつからもらえる？

特別支給の老齢厚生年金は、生年月日に応じて、次のように支給開始年齢が引き上げられていきます。

＊女子は第1号厚生年金被保険者である人
＊第2号から第4号厚生年金被保険者である女子は、男子を参照

| | | 60歳 | | 65歳 | |
|---|---|---|---|---|---|
| 男子 | 〜S16.4.1 | 報酬比例部分 | | 老齢厚生年金 | |
| 女子 | 〜S21.4.1 | 定額部分 | | 老齢基礎年金 | |

| | | | | | |
|---|---|---|---|---|---|
| 男子 | S16.4.2〜S18.4.1 | 報酬比例部分 | | 老齢厚生年金 | |
| 女子 | S21.4.2〜S23.4.1 | 定額部分 | | 老齢基礎年金 | |

61歳

| | | | | | |
|---|---|---|---|---|---|
| 男子 | S18.4.2〜S20.4.1 | 報酬比例部分 | | 老齢厚生年金 | |
| 女子 | S23.4.2〜S25.4.1 | 定額部分 | | 老齢基礎年金 | |

62歳

| | | | | | |
|---|---|---|---|---|---|
| 男子 | S20.4.2〜S22.4.1 | 報酬比例部分 | | 老齢厚生年金 | |
| 女子 | S25.4.2〜S27.4.1 | 定額 | | 老齢基礎年金 | |

63歳

| | | | | | |
|---|---|---|---|---|---|
| 男子 | S22.4.2〜S24.4.1 | 報酬比例部分 | | 老齢厚生年金 | |
| 女子 | S27.4.2〜S29.4.1 | 定額 | | 老齢基礎年金 | |

64歳

| | | | | | |
|---|---|---|---|---|---|
| 男子 | S24.4.2〜S28.4.1 | 報酬比例部分 | | 老齢厚生年金 | |
| 女子 | S29.4.2〜S33.4.1 | | | 老齢基礎年金 | |

61歳　　　　　65歳

| | | | | | |
|---|---|---|---|---|---|
| 男子 | S28.4.2〜S30.4.1 | 報酬比例部分 | | 老齢厚生年金 | |
| 女子 | S33.4.2〜S35.4.1 | | | 老齢基礎年金 | |

62歳

| | | | | | |
|---|---|---|---|---|---|
| 男子 | S30.4.2〜S32.4.1 | 報酬比例部分 | | 老齢厚生年金 | |
| 女子 | S35.4.2〜S37.4.1 | | | 老齢基礎年金 | |

| | | |
|---|---|---|
| 男子 | S32.4.2〜S34.4.1 | |
| 女子 | S37.4.2〜S39.4.1 | |

63歳
| 報酬 | 老齢厚生年金 |
|---|---|
| | 老齢基礎年金 |

| | | |
|---|---|---|
| 男子 | S34.4.2〜S36.4.1 | |
| 女子 | S39.4.2〜S41.4.1 | |

64歳
| 報酬 | 老齢厚生年金 |
|---|---|
| | 老齢基礎年金 |

| | | |
|---|---|---|
| 男子 | S36.4.2〜 | |
| 女子 | S41.4.2〜 | |

| 老齢厚生年金 |
|---|
| 老齢基礎年金 |

## 4 特別支給の老齢厚生年金の額　生年月日に応じて額が異なります！

特別支給の老齢厚生年金の額は、次のとおりです。

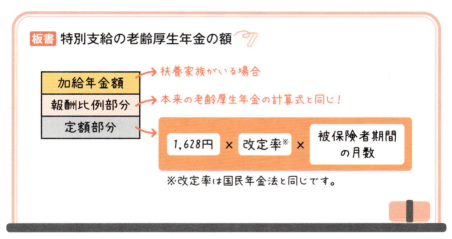

**3**の支給開始年齢の図でみたように、生年月日によって報酬比例部分＋定額部分がもらえる人と、報酬比例部分のみをもらえる人がいます。

そのため、年金額を計算するときは、報酬比例部分と定額部分を別々に計算することになります。

> **知っ得！ 特別支給の老齢厚生年金の額の注意点**
> 定額部分の計算では、標準報酬は使いません。そのため、在職中の給与に関係なく、厚生年金保険の加入期間が長い人ほど、定額部分の額は多くなります。

## 5 加給年金額　　　年金につく扶養手当！

　加給年金額の支給要件と額は、**本来の老齢厚生年金と同じ**です。

　ただし、報酬比例部分のみの老齢厚生年金には、加給年金額は加算されず、**定額部分がもらえる場合に加算が行われる**ことになります。

　そのため、報酬比例部分のみの老齢厚生年金をもらう人は、本来の老齢厚生年金の支給が開始されたときから、加給年金額が加算されることになります。

# Section 6 障害厚生年金

CHAPTER 8 厚生年金保険法

★Section6はこんな話★

国民年金では、保険料の納付要件等を満たし、**障害等級1級または2級**に該当する障害の状態に該当する人に対して、全国民共通の障害基礎年金が支給されますが、**初診日に厚生年金保険の被保険者であった人**には、障害基礎年金に上乗せする形で**障害厚生年金**が支給されます。また、**障害等級が3級の人には障害厚生年金のみが支給**されます。

> 3級があるのが
> 障害厚生年金の大きな特徴です！

# 1 支給要件

障害厚生年金をもらうには？

障害厚生年金をもらうためには、次の **1** **2** **3** のすべての要件を満たす必要があります。

---

**板書** 障害厚生年金の支給要件

### 1 被保険者要件

障害の原因となった傷病に係る初診日において厚生年金保険の被保険者であること

＊初診日の定義は国民年金と同じです。

### 2 障害要件

障害認定日において、 障害等級1級 2級 または 3級 に該当する障害の状態にあること

＊障害認定日の定義は国民年金と同じです。

### 3 保険料納付要件

→ 保険料納付要件の考え方は国民年金と同じ！
もう1度国民年金で確認しておこう

初診日の前日において、
初診日の属する月の前々月までの国民年金の被保険者期間のうち、
保険料納付済期間と保険料免除期間が
被保険者期間全体の3分の2以上を満たしていること

保険料納付要件の特例として、初診日の属する月の前々月までの
1年間について滞納がなければ保険料納付要件を満たすとした
特例も国民年金と同様にあり！

---

284

## 2 障害厚生年金の額 障害の状態や配偶者がいるいないで額が異なります!

障害厚生年金の額は、障害等級に応じて次のように計算します。

| 障害等級 | 年金額 |
|---|---|
| 1級 | 本来の老齢厚生年金の額の計算式による額×1.25 |
| 2級・3級 | 本来の老齢厚生年金の額の計算式による額 |

**知っ得!　2級と3級は同じ額ですか？**

基本となる年金額は同じです。ただし、障害厚生年金の受給権者に生計を維持されている65歳未満の配偶者がいる場合、2級の年金には加給年金額が加算されますが、3級には加算がありません。
また、3級は国民年金の障害基礎年金が支給されないため、国民年金と厚生年金保険の合計額を比べると2級と3級では大きな差が出てきます。

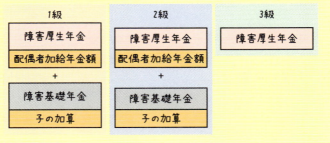

## 3 加給年金額 年金につく扶養手当!

　障害等級1級または2級の障害厚生年金には、その受給権者によって生計を維持されている**65歳未満の配偶者**がいる場合、加給年金額が加算されます。

　加給年金の額は**224,700円×改定率**となります。

# CHAPTER 8　厚生年金保険法
## Section 7　障害手当金

★Section7はこんな話★

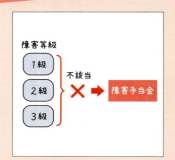

障害手当金は、初診日において被保険者要件と保険料納付要件を満たしていたものの、**障害が軽いため、障害厚生年金をもらうことができない人に支給するものです。初診日から5年以内に傷病が治っていること**など、障害厚生年金とは異なる支給要件があります。

障害手当金は、一時金です！

## 1　支給要件　　　　　　　　障害手当金をもらうには？

「障害手当金」をもらうためには、次の 1 ～ 4 のすべてに該当することが必要です。

> **板書** 障害手当金の支給要件
>
> | 1 | 初診日において、厚生年金保険の被保険者であったこと |
> |---|---|
> | 2 | 初診日から5年以内に傷病が治ったこと |
>
> ↓
> その症状が固定し治療の効果が期待できない状態を含む
>
> | 3 | 傷病が治った日において、障害等級3級よりも軽い障害状態であること |
> |---|---|
> | 4 | 障害厚生年金と同様の保険料納付要件を満たしていること |

## 2 障害手当金の額

　一時金でまとめてもらいます！

　障害手当金の額は、**障害等級2級の障害厚生年金の額の2年分**です。これを一時金として支給されます。

# Section 8 遺族厚生年金

CHAPTER 8　厚生年金保険法

★Section8はこんな話★

遺族厚生年金は、一家の生計の中心となっていた厚生年金保険の被保険者等が死亡した場合に、その遺族の生活を保障するために支給するものです。遺族基礎年金は、**母子家庭や父子家庭に支給する子育て年金**であるのに対し、遺族厚生年金は、**残された遺族の生活を守るために支給する年金**です。そのため、遺族厚生年金をもらうことができる遺族の範囲は、**国民年金よりも広く**、父母や祖父母さらには孫にまで広がります。

> 兄弟姉妹については、独立して世帯をもつという考えのもと、遺族の範囲には含まれません。

## 1 支給要件

遺族厚生年金をもらうには？

遺族厚生年金をもらうには、死亡した人の要件、遺族の要件の2つを満たす必要があります。

### Ⅰ 死亡した人の要件

遺族厚生年金の対象となる死亡した人については、**死亡日**において、次の 1 ～ 5 のいずれかに該当する必要があります。

**板書** 遺族厚生年金の被保険者等要件

いずれか

| 1 | 死亡日において、被保険者であること |
|---|---|

**1 2** は保険料納付要件あり（国民年金と同様）

| 2 | 被保険者であった者が、被保険者の資格を喪失した後に、被保険者であった間に初診日がある傷病により死亡し、その死亡日が当該初診日から起算して5年を経過する日前であること |
|---|---|

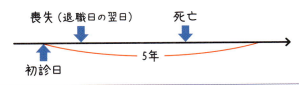

| 3 | 死亡日において、障害等級1級または2級の障害厚生年金の受給権者であること |
|---|---|
| 4 | 死亡日において、老齢厚生年金をもらう権利のある人（保険料納付済期間と保険料免除期間を合計した期間が25年以上の場合に限る）であること |
| 5 | 死亡日において、老齢厚生年金をもらう権利はないが、保険料納付済期間と保険料免除期間を合計した期間が25年以上あること |

## Ⅱ 遺族の範囲

遺族厚生年金をもらうことができる遺族は、**死亡した人によって生計を維持されていた**次の家族です。

妻以外は、年齢要件等が必要になります。

| 遺族 | | 年齢・障害の要件 |
|---|---|---|
| 配偶者 | 妻 | 要件なし |
| | 夫 | 55歳以上 |
| 父母・祖父母 | | 55歳以上 |
| 子・孫 | | 18歳の年度末までにある **または** 20歳未満で障害等級1級または2級に該当 } **かつ** 婚姻していない |

## III 遺族の順位

配偶者と子は同順位ですが、両方が実際にもらえるわけではなく、原則**配偶者が優先**されます。

**板書** 遺族の順位

第1順位 配偶者と子 → 第2順位 父母 → 第3順位 孫 → 第4順位 祖父母

## 2 遺族厚生年金の額　死亡した人の老齢厚生年金をベースに計算！

原則の遺族厚生年金の額は、次の計算式により算出します。

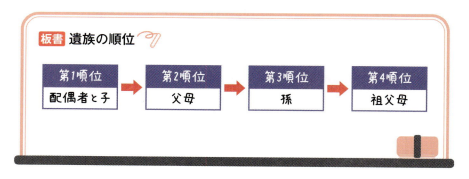

死亡した人の本来の老齢厚生年金の額を計算し算出した額 × $\dfrac{3}{4}$

## 3 中高齢の寡婦加算　妻に支給する遺族厚生年金の加算！

　夫の死亡当時、子どものいない妻は、遺族基礎年金はもらえず、また、子どものいる妻で遺族基礎年金をもらっている人でも、子どもが高校を卒業し遺族基礎年金がもらえなくなってしまうと、もらえる年金は遺族厚生年金のみとなり、低額になります。

　そこで、**中高齢の寡婦加算**を行うことにより、年金額が低額になることを防止しています。

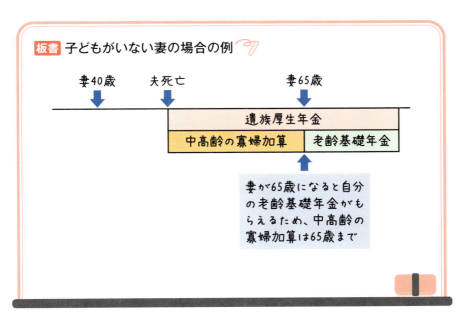

### I 中高齢の寡婦加算の対象となる妻の要件

　中高齢の寡婦加算の対象となるのは、**遺族厚生年金をもらっている妻**で、次のいずれかに該当するものです。

> 板書 中高齢の寡婦加算の対象となる妻の要件
>
> 1 夫の死亡当時、40歳以上65歳未満
>
> or
>
> 2 40歳に達した当時、遺族基礎年金をもらうことができる遺族の範囲にいる子と生計を同じくしていた者

## Ⅱ 中高齢の寡婦加算の加算期間

中高齢の寡婦加算の加算期間は、妻が**40歳**に達したときから（40歳以後に夫が死亡した場合はそのときから）**65歳に達するまでの期間**です。ただし、その妻が遺族基礎年金をもらうことができる間は、支給停止となります。

中高齢って40歳以上のことなんだ。まだ若いと思うけれど、昔はこの年齢だと働くことが難しかったんだね。

## Ⅲ 中高齢の寡婦加算の額

中高齢の寡婦加算の額は、次の計算式により算出します。

$$\text{遺族基礎年金の額} \times \frac{3}{4}$$

# Section 9 脱退一時金

CHAPTER 8　厚生年金保険法

★Section9はこんな話★

脱退一時金は、厚生年金保険の被保険者期間が短く、**老齢厚生年金の受給資格期間を満たしていない外国人**に対して、**保険料の掛け捨てに配慮**して支給するものです。

日本にいるときは請求できず、帰国後に請求することになります。

## 1 支給要件　　　　　　　脱退一時金をもらうには？

　脱退一時金は、厚生年金保険の被保険者期間が**6月以上**ある外国人で、**老齢厚生年金の受給資格期間を満たしていないもの**に支給します。ただし、次の1～3のいずれかに該当するときは脱退一時金を請求することはできません。

**板書** 脱退一時金を請求することができない人

| 1 | 日本に在住しているとき |
|---|---|
| 2 | 障害厚生年金等の受給権を有していたことがあるとき |
| 3 | 帰国してから2年を経過しているとき |

## 2 脱退一時金の額

納めた保険料の一部が戻ってきます！

脱退一時金の額は、次の計算式により算出します。

平均標準報酬額 × 支給率※

※支給率は厚生年金保険の被保険者期間の月数によって異なります。

# Section 10 離婚時の年金分割

CHAPTER 8　厚生年金保険法

★Section10はこんな話★

厚生年金保険では、夫婦が離婚した場合に、一定の要件のもとで、厚生年金を**夫婦で分割することができる**規定を置いています。年金分割の方法は、夫婦の合意のもとに分割する**合意分割**と、国民年金の第3号被保険者からの請求により分割する**3号分割**の方法があります。

> 分割の対象となる年金は報酬比例の部分に限られます。
> 定額部分や国民年金については分割の対象にはなりません！

離婚時に年金を分割する方法には「**合意分割**」と「**3号分割**」があります。概要は次のとおりです。

|  | 合意分割 | 3号分割 |
| --- | --- | --- |
| 分割の請求者 | 夫または妻 | 国民年金の第3号被保険者のみ |
| 当事者の合意 | 必要 | 必要なし |
| 分割の割合 | 2分の1が上限 | 2分の1 |

知っ得！　**年金も財産のひとつ**

離婚時の年金分割は離婚が成立した日から起算して2年を経過したときは請求することはできません。これは民法の財産分与の請求権が2年であり、年金も財産のひとつと考えているからです。

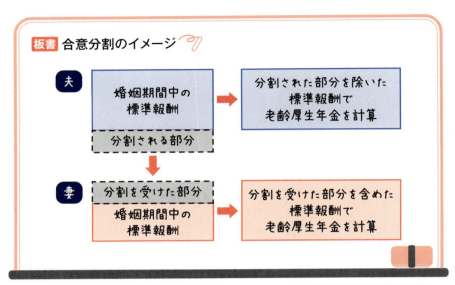

年金分割は年金額を直接的に分割するのではなく、標準報酬の記録を移し替えることによって分割します。そして、移し替え後の標準報酬をもとに老齢厚生年金の額を計算することになります。

# CHAPTER 8　厚生年金保険法　過去問チェック！

## 問1　Section 1 2

宿泊業を営み、常時10人の従業員を使用する個人事業所は、任意適用の申請をしなくとも、厚生年金保険の適用事業所となる。(R4-7E)

## 問2　Section 2 3

被保険者及び被保険者を使用する事業主は、それぞれ厚生年金保険料の半額を負担するが、事業主は自らの負担すべき保険料額の負担の割合を増加することができる。(H25-7A)

## 問3　Section 4 4

老齢厚生年金に加算される加給年金額の対象となる子が3人いる場合は、対象となる子が1人のときに加算される加給年金額の3倍の額の加給年金額が加算される。

(H26-5B)

## 問4　Section 5 2

老齢基礎年金の受給資格期間を満たしている場合であっても、1年以上の厚生年金保険の被保険者期間を有していない場合には、特別支給の老齢厚生年金の受給権は生じない。(R元-1D)

## 問5　Section 6 1

71歳の高齢任意加入被保険者が障害認定日において障害等級3級に該当する障害の状態になった場合は、当該高齢任意加入被保険者期間中に当該障害に係る傷病の初診日があり、初診日の前日において保険料の納付要件を満たしているときであっても、障害厚生年金は支給されない。(R2-4B)

## 問6　Section 7 1

障害手当金は初診日において被保険者であった者が保険料納付要件を満たしていても、当該初診日から起算して5年を経過する日までの間において傷病が治っていなければ支給されない。(H27-9D)

297

**問7** Section 8 **1**

85歳の老齢厚生年金の受給権者が死亡した場合、その者により生計を維持していた未婚で障害等級2級に該当する程度の障害の状態にある60歳の当該受給権者の子は、遺族厚生年金を受けることができる遺族とならない。(R3-5ウ)

**問8** Section 9 **1**

老齢厚生年金の受給資格期間を満たしているが、受給開始年齢に達していないため、老齢厚生年金の支給を受けていない日本国籍を有しない者は、脱退一時金を請求することができる。(H26-4A改題)

---

解答
_____

**問1** ✕　宿泊業は非適用事業であるため、宿泊業の個人事業所を適用事業所とするためには、その事業主は、任意適用の申請をし、厚生労働大臣の認可を受ける必要があります。

**問2** ✕　保険料は、被保険者及び事業主がそれぞれ半額ずつ負担します。事業主は自らの負担すべき保険料額の負担の割合を増加することはできません。

**問3** ✕　子の加給年金額は、1人目、2人目の子は、224,700円に改定率を乗じて得た額、3人目以降の子は74,900円に改定率を乗じて得た額になります。

**問4** ◯

**問5** ✕　被保険者要件、障害要件及び保険料納付要件を満たしているため、障害厚生年金は支給されます。

**問6** ◯

**問7** ◯　子については、18歳に達する日以後の最初の3月31日までの間にあるか、又は20歳未満で障害等級の1級若しくは2級に該当する障害状態にあり、かつ、現に婚姻をしていないことが、受給権者の要件となります。したがって、60歳の子は遺族厚生年金を受けることができる遺族にはなりません。

**問8** ✕　老齢厚生年金の受給資格期間を満たしている人は、脱退一時金を請求することはできません。

知っててよかった！
# 厚生年金保険法

## 在職老齢年金とは

在職老齢年金とは、標準報酬と老齢厚生年金とを合算した額が一定額を超えるときは、**年金額の全部または一部が支給停止になる**という制度です。在職していることを理由に老齢厚生年金が支給停止されるので、これを「**在職老齢年金**」と呼んでいます。この制度は、働きながら年金を受給すると会社からの報酬と年金を併せて受け取ることになり、所得保障としては過剰になるとの考えによるものです。

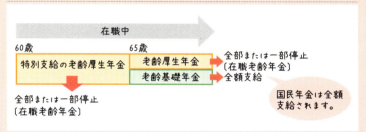

## 在職老齢年金の計算例

① 基本月額と総報酬月額相当額との合計が48万円\*以下の場合
　→　全額支給
② 基本月額と総報酬月額相当額との合計が48万円\*を超える場合
　→　（基本月額＋総報酬月額相当額－48万円）÷２＝支給停止額
・基本月額とは、加給年金額を除いた老齢厚生年金の月額です。
・総報酬月額相当額は次の計算式で算出します。
　その月の標準報酬月額＋その月以前１年間の標準賞与額の合計額÷12
　\*　48万円は令和５年度の額で、年度によって異なります。

**計算例** 基本月額15万円、総報酬月額相当額36万円（H27-9B改題）
(15万円 + 36万円 − 48万円) ÷ 2 = 15,000円

15,000円が支給停止額となり、年金月額は135,000円となります。

### 在職定時改定～令和4年4月よりスタート～

　65歳以上の在職中の老齢厚生年金の受給者について、年金額を毎年10月に改定し、それまでに納めた保険料を年金額に反映する制度が令和4年4月よりスタートしました。

　これまでは、退職等により厚生年金被保険者の資格を喪失するまでは、老齢厚生年金の額は改定されませんでした。在職定時改定の導入により、就労を継続したことの効果を退職を待たずに早期に年金額に反映することで年金を受給しながら働く在職受給権者の経済基盤の充実が図られます。

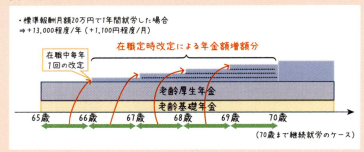

［日本年金機構のホームページ掲載の資料をもとに作成］

**入門講義編**

# CHAPTER 9
# 一般常識

CHAPTER 9　一般常識

# Section 1　社労士試験の一般常識とは？

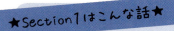

社労士試験の一般常識は「**労務管理その他の労働に関する一般常識**」と「**社会保険に関する一般常識**」に大別されます。この科目の特徴は法律以外の分野からも出題されるという点です。具体的には**労働統計**や、**厚生労働白書**さらには**社会保険の沿革**などです。出題範囲が広いのでポイントをおさえて学習することが大切です。

## 1　労務管理その他の労働に関する一般常識

「労務管理その他の労働に関する一般常識」は、おおむね次の内容から構成されています。

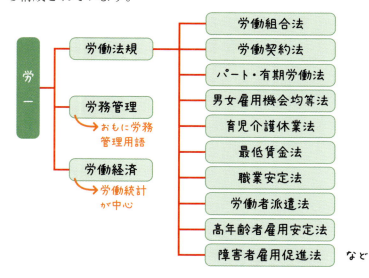

## 2 社会保険に関する一般常識

「社会保険に関する一般常識」は、次の内容から構成されています。

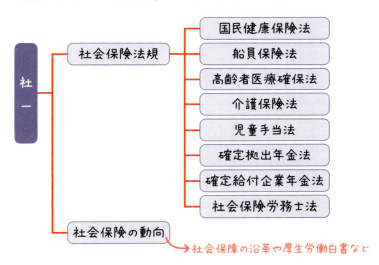

## 3 一般常識の攻略法

　一般常識は出題範囲が非常に広く、どこから手をつけたらよいのかわからない方も多いでしょう。そこでまず過去にどのような分野から出題されているかみてみましょう。

# I 労務管理その他の労働に関する一般常識

## 【選択式出題実績】

| 年度 | 出題項目 |
|---|---|
| H30年 | 次世代育成支援対策推進法、人口動態統計、社会・人口統計体系 |
| R元年 | 職業能力開発促進法、女性活躍推進法、就業構造基本調査 |
| R2年 | 雇用動向調査、就労条件総合調査、雇用均等基本調査、労働力調査、就業構造基本調査 |
| R3年 | 労働施策総合推進法、厚生労働白書〔雇用の拡大・創出のための各種助成金（雇用保険法施行規則）〕 |
| R4年 | 障害者雇用促進法、最高裁判例（日立メディコ事件） |

法律と統計が中心だね。統計はいろいろな分野から出題されているよ。でも、法律を理解していれば解ける統計問題も多いんだ。政府が取り組もうとしている政策に関連する統計が多いのがわかるね。

## 【択一式 法律出題ランキング（過去10年）】

| 順位 | 法律 | 出題数 |
|---|---|---|
| 1 | 労働契約法 | 41 |
| 2 | 労働組合法 | 17 |
| 3 | 障害者雇用促進法 | 6 |
| 4 | 男女雇用機会均等法 | 4 |
| 4 | 育児介護休業法 | 4 |
| 5 | 最低賃金法 | 3 |
| 5 | パートタイム・有期雇用労働法 | 3 |
| 5 | 労働者派遣法 | 3 |
| 5 | 高年齢者雇用安定法 | 3 |

択一式は、法律以外にも労働統計や厚生労働白書・労働経済白書からも出題されるよ。特に就労条件総合調査はよく出る統計だから注意しておこう。

## Ⅱ 社会保険に関する一般常識

### 【選択式出題実績】

| 年度 | 出題項目 |
|---|---|
| H30年 | 介護保険法、児童手当法、確定給付企業年金法 |
| R元年 | 船員保険法、介護保険法、国民健康保険法、確定拠出年金法 |
| R2年 | 社会保障費用統計、介護保険法、国民健康保険法、確定拠出年金法 |
| R3年 | 国民健康保険法、船員保険法、児童手当金、確定給付企業年金法 |
| R4年 | 国民医療費の概況、確定拠出年金法、児童手当法、介護保険法 |

法律からの出題がほとんどだね。厚生労働白書からも出題されているけれど、法律を理解していれば解ける問題が多いんだよ。

### 【択一式　出題ランキング（過去10年）】

| 順位 | 主な項目 | 出題数 |
|---|---|---|
| 1 | 社会保険労務士法 | 51 |
| 2 | 高齢者医療確保法 | 38 |
| 3 | 社会保障制度・沿革 | 36 |
| 4 | 介護保険法 | 35 |
| 5 | 国民健康保険法 | 31 |
| 6 | 船員保険法 | 22 |
| 7 | 確定給付企業年金法 | 21 |
| 8 | 確定拠出年金法 | 17 |
| 9 | 児童手当法 | 14 |
| 10 | 不服審査機関等 | 7 |

択一式も、法律からの出題が多いね。まずは法律の学習からスタートしよう。

出題実績からもわかるように法律、労働統計、白書などさまざまな分野から出題されています。その中でも毎年必ず多く出題されているのが、**法律の分野**です。まずは、法律の勉強から始めるのが効率的でしょう。その際、**出題頻度の高い法律**や**法改正が行われた法律**から優先的に学習していくのが重要です。

　法律をある程度学習できた後に白書、社会保障の沿革、さらには労務管理へと進み、最後に基本となる統計や出題頻度の高い統計をみていきましょう。労働統計は**最新の統計**が出る可能性がありますので、あまり早い時期に学習してしまうと、再度見直す必要が出てきますので、最後に回すと効率的です。

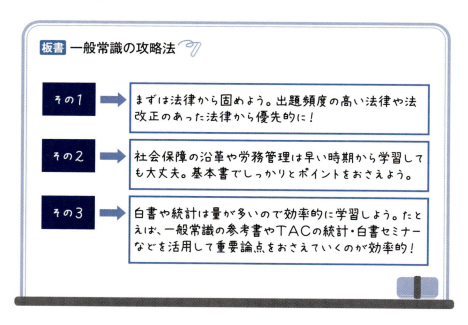

Section **2** | CHAPTER 9　一般常識

# 労務管理その他の労働に関する一般常識

## 1　労働法規

　「労働法規」は、労務管理その他の労働に関する一般常識の中で中心となるものです。本書では試験対策上、特に重要な労働法について、その概要とおさえなければならないポイントを確認しておきましょう。

### Ⅰ　労働組合法

　労働組合法の目的を規定している1条を確認しておきましょう。また、「**労働者**」の定義や「**労働協約**」の規定も重要です。判例が出題されることもありますので、過去問で確認しておきましょう。

### Ⅱ　労働契約法

　労働契約法は、出題頻度が高く、まんべんなく学習することが必要です。この法律は、**労働契約の原則**、**労働者への安全配慮義務**に加え、**就業規則の効力や懲戒・解雇、有期労働契約の期間の定めのない労働契約への転換**（一般に「**有期労働契約の無期転換**」といいます。）などについて規定しています。全体を通してしっかりと学習しておきましょう。

### Ⅲ　男女雇用機会均等法

　男女雇用機会均等法（正式名称は「雇用の分野における男女の均等な機会及び待遇の確保等に関する法律」といいます。）は、雇用の分野において**男女の均等な機会**及び**待遇の確保**を図るとともに、女性労働者の就業に関して**妊娠中や出産後の健康の確保**を図ることを目的としています。具体的に

307

は、**性別を理由とする差別の禁止、結婚・妊娠・出産等を理由とする不利益取扱いの禁止、セクシュアルハラスメントやマタニティハラスメントの防止措置**などを規定しています。女性の雇用促進は労働力人口の減少に伴ってますます重要になってきます。「**育児介護休業法**」もあわせて学習しておくとよいでしょう。

## Ⅳ 最低賃金法

　最低賃金法では、最低賃金を**時給**によって定めており、使用者は、労働者に対して最低賃金額以上の賃金を支払わなければなりません。また、最低賃金には、「**地域別最低賃金**」と「**特定最低賃金**」があり、地域別最低賃金は**都道府県ごと**に定められています。この法律も基本的事項をしっかりと確認しておきましょう。

## Ⅴ 労働者派遣法

　労働者派遣法（正式名称は「労働者派遣事業の適正な運営の確保及び派遣労働者の保護等に関する法律」といいます。）では、**派遣労働者の保護**を図るための規定が置かれています。具体的には、**派遣受入期間の制限**（原則、事業所単位で3年、労働者個人単位で3年）や**派遣元事業主（派遣会社）や派遣先事業主が講ずべき措置**などについて規定しています。この法律は条文数が多いため、深入りせず基本的事項をおさえるようにしていきましょう。

## Ⅵ 障害者雇用促進法

　障害者雇用促進法（正式名称は「障害者の雇用の促進等に関する法律」といいます。）は、**障害者の雇用促進のため措置**を通じて、障害者が職業生活において**自立**し、**職業の安定を図る**ことを目的としています。

　その施策として、事業主に対し**障害者に対する差別の禁止**や**雇用の義務**を課しています。雇用の義務については民間企業の場合、法定雇用率は2.3％（令和6年4月からは2.5％）です。

> **板書** 民間企業の法定雇用率
>
> 令和6年4月より 1人÷0.025＝40.0人
>
> → 常時40.0人以上の労働者を使用する場合に、障害者の雇用義務が生ずることになります。

## Ⅶ パートタイム・有期雇用労働法

　パートタイム・有期雇用労働法（正式名称は「短時間労働者及び有期雇用労働者の雇用管理の改善等に関する法律」といいます。）は、短時間・有期雇用労働者について、**適正な労働条件の確保**、雇用管理の改善、正社員への転換、職業能力の開発等の措置を講ずることにより、**正社員との均等のとれた待遇の確保**を図ることを目的としています。具体的には、同一企業内において、正社員とパートタイマーや有期雇用労働者などの非正規雇用労働者との間で、**基本給や賞与などのあらゆる待遇について、不合理な待遇差を設けることを禁止**しています。また、非正規雇用労働者は、「正社員との待遇差の内容や理由」などについて、事業主に説明を求めることができ、事業主は、非正規雇用労働者からの求めがあった場合は、説明をしなければなりません。

## Ⅷ 労働施策総合推進法

　労働施策総合推進法（正式名称は「労働施策の総合的な推進並びに労働者の雇用の安定及び職業生活の充実等に関する法律」といいます。）は、働き方改革の総合的かつ継続的な推進を目的に、従来の「雇用対策法」から法律名を改称したものです。具体的には、必ずしも雇用契約によらない働き方も含めた「**多様な労働参加**」を可能とすることや、「**パワーハラスメントの防止措置**」「職業生活の充実」「労働生産性の向上」といった「**働き**

方改革」の主要施策を盛り込みながら、より広く「労働施策」全般にわたり、**総合的な施策**を**継続的**に展開していくことを目指しています。

### Ⅸ 高年齢者雇用安定法

高年齢者雇用安定法（正式名称は「高年齢者等の雇用の安定等に関する法律」といいます。）では、高齢者の雇用の安定を確保するために事業主に対して以下の措置を講ずることを規定しています。

| 65歳まで<br>①〜③のいずれかの措置・義務 | 70歳まで<br>①〜④のいずれかの措置・努力義務 |
|---|---|
| ① 65歳までの定年の引上げ<br>② 65歳までの継続雇用制度の導入<br>③ 定年廃止 | ① 70歳までの定年の引上げ<br>② 70歳までの継続雇用制度の導入<br>③ 定年廃止<br>④ 創業支援等措置（業務委託契約等） |

## 2 労務管理

「労務管理」とは、経営者が従業員の職務能力を長期にわたって維持し向上させる一連の施策のことです。

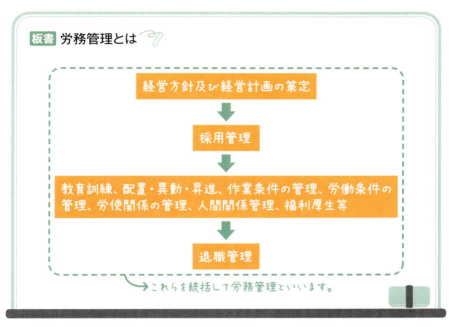

本書では労務管理の中でも重要なものについて確認しておきましょう。

## I 職務・人事情報

企業にはさまざまな職務がありますが、その職務について課せられている仕事内容を洗い出し、その職務に要求される知識や能力、負荷等を明らかにすることを「**職務分析**」といいます。そして職務分析によって得られた情報に基づき職務の相対的価値を評価し、ランク付けをすることを「**職務評価**」といいます。

また、人事情報として、従業員の職務能力、勤務態度、勤務成績等を上司が客観的に評定する制度を「**人事考課**」や「**査定**」といいます。人事考課の目的として、昇給、賞与査定、教育訓練、人事異動等に活用されることがあります。

## Ⅱ 資格制度

従業員に一定の資格（序列）を与えて、昇進、昇格、賃金決定等の基準とする制度を「資格制度」といいます。勤務年数や年齢を資格として決定するものを「**属人資格**」といい、職務遂行能力の程度によって決定するものを「**職能資格**」といいます。

## Ⅲ 教育訓練

企業が従業員に対して実施する教育訓練として「**OJT**」と「**OFF-JT**」があります。

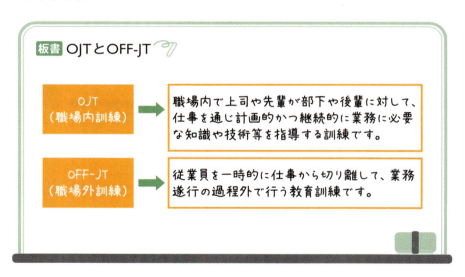

## Ⅳ 賃金体系管理

賃金体系の中心となるのは「**基本給**」です。基本給は**個人的要素**（学歴、年齢、勤続年数等）と**職務遂行能力**、**職務の相対的価値**の3つの要素により決定されます。個人的要素が強ければ「**属人給**」、職務遂行能力によって決定されれば「**職能給**」、また、職務の相対的価値により決定されれば「**職務給**」となります。

312

同一労働・同一賃金の観点から、職務給が注目されています。注意しておきましょう。

### V 退職管理

定年後も引き続き従業員を雇用する制度を「**継続雇用制度**」といい、この制度には「**再雇用制度**」と「**勤務延長制度**」があります。

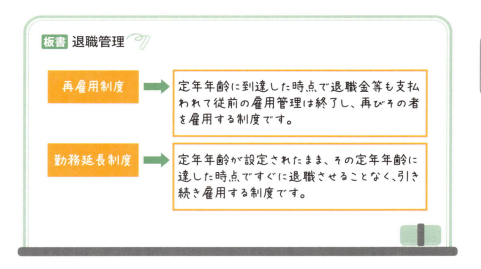

板書 退職管理

- 再雇用制度 → 定年年齢に到達した時点で退職金等も支払われて従前の雇用管理は終了し、再びその者を雇用する制度です。
- 勤務延長制度 → 定年年齢が設定されたまま、その定年年齢に達した時点ですぐに退職させることなく、引き続き雇用する制度です。

## 3 労働経済

社労士試験ではさまざまな労働統計が出題されますが、まずは出題頻度の高い統計や基本書に載っている基本的な統計から学習していきましょう。

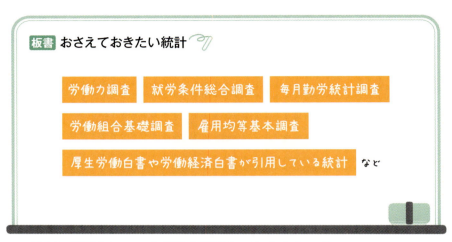

過去に出題されている統計も確認しておきましょう。

# Section 3 社会保険に関する一般常識

CHAPTER 9 一般常識

この科目は法律からの出題が多いため、まずは社会保険法規をしっかりと学習していきましょう。社会保険法規は、「労務管理その他の労働に関する一般常識」の法律や統計に比べて比較的基本的な問題が多いのが特徴です。したがって、「労務管理その他の労働に関する一般常識」より「社会保険に関する一般常識」を優先して学習をスタートするのが効率的かもしれません。

## 1 社会保険法規

### Ⅰ 国民健康保険法

国民健康保険は**自営業者**や**農業者**などが加入する医療保険制度です。運営（「保険者」といいます。）は**都道府県等が行う国民健康保険**と、同種の事業や業務に従事する者で組織する**国民健康保険組合**があります。国民健康保険の保険者は、平成30年4月1日より大きく変わりました。これまでは市町村が保険者となり運営していた「市町村国民健康保険」でしたが、都道府県も市町村とともに国民健康保険を実施することが義務付けられ、「**都道府県等国民健康保険**」となりました。

### Ⅱ 船員保険法

船員保険は、船員が加入する保険で、この保険制度から健康保険とほぼ同様の保険給付を受けることができます。さらに、**労災保険の上乗せ給付**や**行方不明手当金**など船員保険独自の保険給付も行っています。

船員は健康保険には加入しないよ。健康保険法の適用除外を確認しておこう。

## Ⅲ 高齢者医療確保法

　高齢者医療確保法（正式名称は「高齢者の医療の確保に関する法律」といいます。）は、後期高齢者のための**独立した医療保険制度**（「後期高齢者医療制度」といいます。）について規定しており、原則**75歳以上**の人は、後期高齢者医療制度から医療を受けることになります。

　この法律では、高齢者を**前期高齢者（65歳以上75歳未満）**と**後期高齢者（原則75歳以上）**に区分しています。前期高齢者についてはこの年齢の加入者が少ない保険者（協会けんぽや健康保険組合、共済組合など）から**拠出金**を徴収し、逆にこの年齢の加入者が多い都道府県等国民健康保険に**交付金**を交付することによって、保険者間の**財政の不均衡を調整**しています。

## Ⅳ 介護保険法

　介護保険法では、要介護状態や要支援状態になった場合に**介護給付**や**予防給付**（「訪問介護」など）を支給することを規定しています。

　介護保険の被保険者は、**第1号被保険者**（市町村に住所を有する65歳以上の者）と**第2号被保険者**（市町村に住所を有する**40歳以上65歳未満**の医療保険加入者）に分かれ、介護給付等を受ける際には、**市町村の認定**を受けなければなりません。

## Ⅴ 児童手当法

　児童手当法では、**児童を監護し生計を同じくしている父母等に対して**児童手当を支給することを規定しています。

　児童手当は月を単位として支給し、**毎年2月、6月、10月の3回**に分けて**4か月**分をまとめて支給しています。

## Ⅵ 確定拠出年金法

　確定拠出年金法は、少子高齢化の進展や高齢者の生活の多様化などを考慮して、国民年金や厚生年金保険の給付に上乗せすることにより、高齢期の所得を確保し、国民の生活の安定と福祉の向上に寄与することを目的としています。

　確定拠出年金制度には、個人で加入する「**個人型**」と企業が実施し従業員が加入する「**企業型**」の２種類があります。個人型は**自営業者**など**国民年金の第１号被保険者**だけでなく、**会社員**（規約で認める場合）や**公務員**（第２号被保険者）さらに**専業主婦**（第３号被保険者）も加入することができます。この年金は、納めた掛金をもとに自分で金融商品を選び運用する**自己責任の年金**です。したがって、納めた掛金が同じでも運用方法によって高齢期に受け取る年金額に差が出てきます。

「個人型」の愛称は「iDeCo（イデコ）」といいます。

## Ⅶ 確定給付企業年金法

　確定給付企業年金法は、少子高齢化の進展や産業構造の変化などを考慮して、事業主が従業員と給付の内容を約束し、高齢期にその内容に基づいた給付を受けることができるようにすることを規定しています。確定給付企業年金は、厚生年金保険の給付に上乗せすることにより、高齢期の所得を確保し、国民の生活の安定と福祉の向上に寄与することを目的としています。

確定拠出年金も確定給付企業年金も、国民の高齢期における所得を確保することを支援し、国民年金や厚生年金保険の給付とあわせることにより、国民の生活の安定と福祉の向上に寄与することを目的にしているんだね。

　確定給付企業年金は、厚生年金保険の適用事業所の事業主が実施する

もので、「**規約型**」と「**基金型**」があります。この年金は、事業主が従業員と給付の内容を約束し、高齢期に従業員がその内容に基づいた給付を受けることができるようにするもので、「**受給権の保護**」を目的として一定のルールを規定しています。

### Ⅷ 社会保険労務士法

社会保険労務士法は、社労士の職責や業務、資格や登録の方法について規定しています。また、**社労士としての義務**や**懲戒処分**、**社労士法人**についても規定しており、試験対策としてだけでなく、社労士となった後も関わってくる重要な法律です。また、出題頻度も高いため、しっかりと学習しておきましょう。

## 2 社会保険の動向

本試験では、社会保険法規以外にも**社会保障の沿革**や、**厚生労働白書**などからも出題されます。また、社会保障審議会で議論されているテーマに係る問題が出題されることがあります。

日頃から新聞等に目を通すことも大切ですが、効率的に学習するために、一般常識対策用の書籍やＴＡＣの統計・白書セミナー等を受講し、ポイントを絞って学習することをお勧めします。

# CHAPTER 9　一般常識　過去問チェック！

**問1**　Section 2 **1**

労働契約法によれば、使用者は、労働契約に特段の根拠規定がなくとも、労働契約上の付随的義務として当然に、安全配慮義務を負う。(H30-3イ)

**問2**　Section 2 **1**

最低賃金法第3条は、最低賃金額は、時間又は日によって定めるものとしている。

(H29-2ア)

**問3**　Section 2 **3**

正社員について、男女計における1か月当たりの労働時間と働きやすさとの関係をみると、労働時間が短くなるほど働きやすいと感じる者の割合が増加し、逆に労働時間が長くなるほど働きにくいと感じる者の割合が増加する。なお、本問は「令和元年版労働経済白書」を参照しており、当該白書又は当該白書が引用している調査による用語及び統計等を利用している。(R3-1C改題)

**問4**　Section 3 **1**

国民健康保険を行うことができるものは、市町村及び特別区のみである。(H25-7A)

**問5**　Section 3 **1**

介護保険法によれば、市町村（特別区を含む。以下同じ。）の区域内に住所を有する65歳以上の者を第1号被保険者という。(H24-7A)

**問6**　Section 3 **1**

児童手当は、毎年1月、5月及び9月の3期に、それぞれの前月までの分を支払う。ただし、前支払期月に支払うべきであった児童手当又は支給すべき事由が消滅した場合におけるその期の児童手当は、その支払期月でない月であっても、支払うものとする。(R2-8B)

**問7**　Section 3 **1**

確定拠出年金法は、平成13年6月に制定され、同年10月から施行されたが、同法に基づき、個人型年金と企業型年金の2タイプが導入された。(H24-8C)

常識

過去問チェック！

319

解答

**問1** ◯ 労働契約法5条は「使用者は、労働契約に伴い、労働者がその生命、身体等の安全を確保しつつ労働することができるよう、必要な配慮をするものとする。」と、使用者の安全配慮義務を定めています。

**問2** ✕ 最低賃金額は、「時間」によって定めるものとされています。

**問3** ◯

**問4** ✕ 国民健康保険は、都道府県が市町村（特別区含む）とともに行う国民健康保険と国民健康保険組合が行う国民健康保険があります。

**問5** ◯

**問6** ✕ 児童手当は、毎年2月、6月及び10月の3期に、それぞれの前月までの分を支払います。なお、設問のただし書き以降の記述は正しいので、押さえておきましょう。

**問7** ◯

知っててよかった！
一般常識

　一般常識に関連する法律は多岐にわたります。実際に開業社労士のもとには、採用から退職に至るまで様々な法律や労務管理の相談が寄せられます。例えば、採用であれば「求人を出しても応募がない。」「採用してもすぐに辞めてしまう。」などです。この場合には、法律というよりも**労務管理のアドバイス**になります。求人媒体の選び方からホームページの見直し、選考方法の工夫、採用後の指導方法など、その会社の規模や実情に合わせてアドバイスを行います。定年退職であれば、退職後の医療保険や企業年金の手続き、雇用保険の失業等給付などの法律に関するアドバイスもありますが、再雇用など労務管理のアドバイスも行います。また、最近では正社員とパートタイマーの基本給や賞与、手当の差をどうするかなどの相談も増えてきています。この場合は、パートタイム・有期雇用労働法やそれに関連する指針（ガイドライン）だけでなく、判例なども参考にアドバイスを行っていきます。
　このように社労士の仕事は法律をベースにしながらも、**労務管理**や**判例**の知識なども必要です。これは、開業社労士だけでなく勤務社労士も同じです。
　一般常識の範囲は広く、勉強する上では大変かもしれませんが、社労士となってから必要となる知識が多く含まれているのです。その点を意識しながら勉強することも大事なことではないでしょうか。

# 最後に

　私は出産を機に公務員を辞め、専業主婦を経て社労士になりました。専業主婦のときは、家事・育児に追われる毎日でしたが、専業主婦としての時間を楽しみました。そして、子育てが一段落すると、「〇〇ちゃんのママ」ではなく、一人の社会人として歩みだしたいと思うようになりました。

　そこで目指したのが「社労士」でした。民間企業での経験もなく人脈もなかった私が、今は開業社労士として企業の労務管理のコンサルティングをしています。資格が私の人生を劇的に変えたのです。そして今、思うことは、「社労士」そして「講師」としてできるだけ長くこの仕事を続けていきたいということです。それは、この仕事が「人」に関わり、その人や企業の成長をお手伝いする仕事であるからです。そこにはやりがいや充実感を感じることができます。

　これから社労士を目指す皆さん、ぜひ社労士になった自分をイメージしてみてください。「こんな社労士になりたい」「こんな仕事をしてみたい」そういう夢を持つことはとても大切なことです。そして、その夢を実現するために、この本が少しでもお役に立てることを心より願っています。

2023年7月

貫場　恵子

# 索 引

## あ行

安全委員会・・・・・・・・・・・・105
安全衛生推進者・・・・・・・・103
安全衛生責任者・・・・・・・・105
安全管理者・・・・・・・・・・・・102
育児休業給付金・・・・・・・174
育児時間・・・・・・・・・・・・・・88
以上・・・・・・・・・・・・・・・・・・74
移送費・・・・・・・・・・・・・・・222
遺族基礎年金・・・・・・・・・251
遺族厚生年金・・・・・・・・・288
遺族補償一時金・・・・・・・140
遺族補償給付・・・・・・・・・137
遺族補償年金・・・・・・・・・137
遺族補償年金前払一時金
・・・・・・・・・・・・・・・・・・140
1年単位の変形労働時間制
・・・・・・・・・・・・・・・・・・67
一部負担金・・・・・・・・130,217
1箇月単位の変形労働時間
制・・・・・・・・・・・・・・・・・・66
1週間単位の非定型的変形
労働時間制・・・・・・・・68
一般教育訓練の給付金
・・・・・・・・・・・・・・・・・・168
一般健康診断・・・・・・・・・111
一般の被保険者・・・・・・・205
一般被保険者・・・・・155,158
一般法・・・・・・・・・・・・・・・・36
一般保険料・・・・・・・・・・・184
一般保険料率・・・・・・・・・184
移転費・・・・・・・・・・・・・・・165
印紙保険料・・・・・・・・・・・184
打切補償・・・・・・・・・・・・・・55
衛生委員会・・・・・・・・・・・105

衛生管理者・・・・・・・・・・・102
衛生推進者・・・・・・・・・・・103
延納・・・・・・・・・・・・・・・・・189
OJT・・・・・・・・・・・・・・・・・312
OFF-JT・・・・・・・・・・・・・312

## か行

介護休業給付金・・・・・・・172
解雇制限期間・・・・・・・・・・54
介護保険法・・・・・・・・・・・316
介護補償給付・・・・・・・・・143
解雇予告・・・・・・・・・・・・・・56
解雇予告手当・・・・・・・・・・57
概算保険料・・・・・・・186,189
加給年金額・・・・277,282,285
確定給付企業年金法・・・・317
確定拠出年金法・・・・・・・317
確定精算・・・・・・・・・・・・・192
確定保険料・・・・・・・186,191
家族移送費・・・・・・・・・・・222
家族出産育児一時金・・・・227
家族訪問看護療養費・・・・221
家族埋葬料・・・・・・・・・・・225
家族療養費・・・・・・・・・・・221
合算対象期間・・・・・・・・・244
寡婦年金・・・・・・・・・・・・・255
患者申出療養・・・・・・・・・219
企画業務型裁量労働制・・・71
寄宿手当・・・・・・・・・・・・・161
技能習得手当・・・・・・・・・161
基本手当・・・・・・・・・・・・・158
休業補償給付・・・・・・・・・130
休憩時間・・・・・・・・・・・・・・73
休憩の与え方・・・・・・・・・・74
休日・・・・・・・・・・・・・・・・・・74
求職活動関係役務利用費
・・・・・・・・・・・・・・・・・・166
求職活動支援費・・・・・・・166

求職者給付・・・・・・・・・・・157
給付基礎日額・・・・・・・・・130
給付制限・・・・・・・・・・・・・161
教育訓練・・・・・・・・・・・・・312
教育訓練給付・・・・・・・・・167
教育訓練給付金・・・・・・・168
教育訓練支援給付金・・・・169
休業手当・・・・・・・・・・・・・・64
強行法規・・・・・・・・・・・・・・51
強制加入被保険者・・・・・238
強制適用事業所・・・・203,265
業務起因性・・・・・・・・・・・124
業務災害・・・・・・・・・・・・・124
業務上の疾病・・・・・・・・・125
業務遂行性・・・・・・・・・・・124
継続事業・・・・・・・・・・・・・182
契約期間の上限・・・・・・・・52
契約期間の特例・・・・・・・・52
健康診断の種類・・・・・・・110
健康診断を実施した後の措
置・・・・・・・・・・・・・・・・・111
健康保険組合・・・・・・・・・203
現物給付・・・・・・・・・・・・・・61
憲法・・・・・・・・・・・・・・・・・・34
コアタイム・・・・・・・・・・・・69
広域求職活動費・・・・・・・166
合意分割・・・・・・・・・・・・・295
高額介護合算療養費・・・・222
高額療養費・・・・・・・・・・・221
後期高齢者医療の被保険者
・・・・・・・・・・・・・・・・・・207
高度プロフェッショナル制
度・・・・・・・・・・・・・・・・・・72
高年齢求職者給付金・・・・161
高年齢雇用継続基本給付金
・・・・・・・・・・・・・・・・・・171
高年齢再就職給付金・・・・171
高年齢者雇用安定法・・・・310

高年齢被保険者‥‥155,161
高齢者医療確保法‥‥‥316
高齢任意加入被保険者
　‥‥‥‥‥‥‥‥‥‥267
超える‥‥‥‥‥‥‥‥‥74
国民皆年金体制‥‥‥‥235
国民健康保険法‥‥‥‥315
子の加算‥‥‥‥‥‥‥250
雇用継続給付‥‥‥‥‥170
雇用保険率‥‥‥‥‥‥185

### さ行

再就職手当‥‥‥‥‥‥164
最低賃金法‥‥‥‥‥‥308
作業主任者‥‥‥‥‥‥105
36協定‥‥‥‥‥‥‥‥77
産業医‥‥‥‥‥‥‥‥102
３号分割‥‥‥‥‥‥‥295
産後休業‥‥‥‥‥‥‥86
産前休業‥‥‥‥‥‥‥86
暫定任意適用事業‥121,154
資格制度‥‥‥‥‥‥‥312
時間外労働・休日労働が認
　められる場合‥‥‥‥76
時間外労働の限度‥‥‥78
支給の繰上げ‥‥‥‥‥246
支給の繰下げ‥‥‥‥‥247
事業者‥‥‥‥‥‥‥‥99
事業場外労働に関するみな
　し労働時間制‥‥‥‥70
使者‥‥‥‥‥‥‥‥‥62
失業‥‥‥‥‥‥‥‥‥153
失業等給付‥‥‥‥‥‥156
指定訪問看護事業者‥‥221
児童‥‥‥‥‥‥‥‥‥84
児童手当法‥‥‥‥‥‥316
死亡一時金‥‥‥‥‥‥256
社会復帰促進等事業‥‥146

社会保険の動向‥‥‥‥318
社会保険労務士法‥‥‥318
就業規則‥‥‥‥‥‥‥89
就業促進手当‥‥‥‥‥164
就業手当‥‥‥‥‥‥‥164
就職促進給付‥‥‥‥‥163
受給期間‥‥‥‥‥‥‥160
受給権者‥‥‥‥‥‥‥138
受給資格者‥‥‥‥‥‥138
受講手当‥‥‥‥‥‥‥161
出産育児一時金‥‥‥‥226
出産手当金‥‥‥‥‥‥227
障害基礎年金‥‥‥‥‥248
障害厚生年金‥‥‥‥‥283
障害者雇用促進法‥‥‥308
障害手当金‥‥‥‥‥‥286
障害補償一時金‥‥‥‥136
障害補償給付‥‥‥‥‥134
障害補償年金‥‥‥‥‥134
障害補償年金差額一時金
　‥‥‥‥‥‥‥‥‥‥135
障害補償年金前払一時金
　‥‥‥‥‥‥‥‥‥‥134
使用者‥‥‥‥‥‥‥‥50
傷病手当‥‥‥‥‥‥‥161
傷病手当金‥‥‥‥‥‥222
傷病補償年金‥‥‥‥‥131
賞与‥‥‥‥‥‥‥‥‥210
常用就職支度手当‥‥‥164
条例‥‥‥‥‥‥‥‥‥35
食事療養標準負担額‥‥218
職務・人事情報‥‥‥‥311
所定給付日数‥‥‥‥‥160
所定労働時間‥‥‥‥‥65
深夜業の定義‥‥‥‥‥79
ストレスチェック‥‥‥113
生活療養標準負担額‥‥218
制裁‥‥‥‥‥‥‥‥‥91

清算期間‥‥‥‥‥‥‥69
製造許可物質‥‥‥‥‥108
製造禁止物質‥‥‥‥‥108
絶対的必要記載事項‥‥90
絶対的明示事項‥‥‥‥53
船員保険法‥‥‥‥‥‥315
全国健康保険協会‥‥‥203
選定療養‥‥‥‥‥‥‥219
前納‥‥‥‥‥‥‥‥‥242
専門業務型裁量労働制‥71
専門実践教育訓練の給付金
　‥‥‥‥‥‥‥‥‥‥168
総括安全衛生管理者‥‥102
葬祭料‥‥‥‥‥‥‥‥141
相対的必要記載事項‥‥90
相対的明示事項‥‥‥‥53
その他の健康診断‥‥‥111

### た行

第１号被保険者‥‥‥‥238
第１号被保険者の産前産後
　期間の保険料の免除
　‥‥‥‥‥‥‥‥‥‥241
待期‥‥‥‥‥‥‥‥‥160
第３号被保険者‥‥‥‥238
退職管理‥‥‥‥‥‥‥313
第２号被保険者‥‥‥‥238
脱退一時金‥‥‥‥257,293
短期訓練受講費‥‥‥‥166
短期雇用特例被保険者
　‥‥‥‥‥‥‥‥155,162
男女雇用機会均等法‥‥307
中高齢の寡婦加算‥‥‥291
長時間労働者への面接指導
　‥‥‥‥‥‥‥‥‥‥112
賃金支払の５原則‥‥‥60
賃金総額‥‥‥‥‥‥‥184
賃金体系管理‥‥‥‥‥312

賃金日額・・・・・・・・・・・・・・・160
賃金の定義・・・・・・・・・・・・・59
追納・・・・・・・・・・・・・・・・・・・242
通勤災害・・・・・・・・・・・・・・125
通勤の定義・・・・・・・・・・・・126
通所手当・・・・・・・・・・・・・・161
通達・・・・・・・・・・・・・・・・・・・37
定額部分・・・・・・・・・・・・・・278
適用事業・・・・・・・・・121,154
適用除外・・・・・・・・・205,268
統括安全衛生責任者・・・・104
当然被保険者・・・・・・・・・・266
特殊健康診断・・・・・・・・・・111
特定一般教育訓練の給付金
　・・・・・・・・・・・・・・・・・・・・168
特定機械等・・・・・・・・・・・・107
特定高度専門業務・成果型
　労働制・・・・・・・・・・・・・・72
特別加入・・・・・・・・・・・・・・123
特別加入保険料・・・・・・・・184
特別支給金・・・・・・・・・・・・147
特別支給の老齢厚生年金
　・・・・・・・・・・・・・・273,278
特別法・・・・・・・・・・・・・・・・36
特例一時金・・・・・・・・・・・・162
特例給付・・・・・・・・・・・・・・162
特例退職被保険者・・・・・・205

### な行

二事業・・・・・・・・・・・・・・・・152
二次健康診断等給付・・・・145
入院時食事療養費・・・・・・218
入院時生活療養費・・・・・・218
任意加入被保険者・・・・・・239
任意継続被保険者・・・・・・205
任意単独被保険者・・・・・・266
任意適用事業所・・・・204,265
妊産婦の定義・・・・・・・・・・88

年次有給休暇・・・・・・・・・・81
年少者の定義・・・・・・・・・・84
年度更新・・・・・・・・・・・・・・187

### は行

パートタイム・有期雇用労
　働法・・・・・・・・・・・・・・・309
判例・・・・・・・・・・・・・・・・・・・37
被災労働者等援護事業
　・・・・・・・・・・・・・・・・・・・・147
非常災害の場合・・・・・・・・77
非常時払・・・・・・・・・・・・・・63
被扶養者・・・・・・・・・・・・・・207
被保険者・・・・・・・155,205,266
被保険者の種別・・・・・・・・268
日雇特例被保険者・・・・・・205
日雇労働求職者給付金
　・・・・・・・・・・・・・・・・・・・・162
日雇労働被保険者・・155,162
評価療養・・・・・・・・・・・・・・219
標準賞与額・・・・・・・212,269
標準報酬月額・・・・・・211,269
付加年金・・・・・・・・・・・・・・255
付加保険料・・・・・・・・・・・・240
複数業務要因災害・・・・・・127
複数事業労働者・・・・・・・・123
附則・・・・・・・・・・・・・・・・・・・36
普通給付・・・・・・・・・・・・・・162
フレキシブルタイム・・・・69
フレックスタイム制・・・・68
平均賃金・・・・・・・・・・・・・・55
変形労働時間制・・・・・・・・66
報酬・・・・・・・・・・・・・・・・・・・210
報酬比例部分・・・・・・・・・・278
法定雇用率・・・・・・・・・・・・309
法定労働時間・・・・・・・・・・65
訪問看護ステーション
　・・・・・・・・・・・・・・・・・・・・221

訪問看護療養費・・・・・・・・221
法律・・・・・・・・・・・・・・・・・・・35
保険外併用療養費・・・・・・219
保険関係の消滅・・・・・・・・182
保険関係の成立・・・・・・・・181
保険料納付済期間・・・・・・244
保険料の免除・・・・・・・・・・215
保険料の免除制度・・・・・・241
保険料免除期間・・・・・・・・244
本則・・・・・・・・・・・・・・・・・・・36
本来の老齢厚生年金
　・・・・・・・・・・・・・・273,274

### ま行

埋葬費・・・・・・・・・・・・・・・・224
埋葬料・・・・・・・・・・・・・・・・224
みなし労働時間制・・・・・・70
命令・・・・・・・・・・・・・・・・・・・35
元方安全衛生管理者・・・・105

### や行

有期事業・・・・・・・・・・・・・・182
42条の機械等・・・・・・・・・・107

### ら行

離職・・・・・・・・・・・・・・・・・・・153
離職理由による給付制限
　・・・・・・・・・・・・・・・・・・・・160
療養の給付・・・・・・・129,217
療養の費用の支給・・・・・・130
療養費・・・・・・・・・・・・・・・・220
療養補償給付・・・・・・・・・・129
労災保険のメリット制
　・・・・・・・・・・・・・・・・・・・・193
労災保険率・・・・・・・・・・・・185
労使委員会・・・・・・・・・・・・71
労使協定・・・・・・・・・・・・・・62

326

労使協定を結び労働基準監
督署長に届け出た場合
················77
労働協約·················61
労働組合法··············307
労働経済·················313
労働契約·················51
労働契約法··············307
労働時間の定義··········65
労働者··········49,100,122
労働者派遣法············308
労働条件·················48
労働条件の決定··········51
労働条件の明示··········53
労働施策総合推進法····309
労働保険事務組合······195
労働保険料··············183
労務管理·················310
老齢基礎年金············244

## わ行

割増賃金　　　　79

[著者紹介]

**貫場　恵子**（ぬきばけいこ）

ぬきば労務コンサルティング株式会社代表取締役。
ぬきば社労士事務所代表。
社会保険労務士。キャリアコンサルタント。
企業の労務管理のコンサルティング、社員研修を中心に業務を展開
している。また、資格の学校ＴＡＣ「社会保険労務士講座」、帝塚
山大学法学部の非常勤講師として「労働法」を担当している。
その他、丹波篠山市商工会会員、三田市商工会理事として、地域活
性化や地元企業の支援にも取り組んでいる。
ぬきば労務コンサルティング株式会社　URL http://www.nukiba-sr.com/

編集協力：滝澤ななみ
イラスト：朝日メディアインターナショナル株式会社、anzubou

みんなが欲しかった！　社労士シリーズ

2024年度版
みんなが欲しかった！　社労士合格へのはじめの一歩

（平成18年度版　2005年9月10日　初版　第1刷発行）
2023年8月8日　初　版　第1刷発行

| | | |
|---|---|---|
| 著　　者 | 貫　場　恵　子 | |
| 発　行　者 | 多　田　敏　男 | |
| 発　行　所 | TAC株式会社　出版事業部 | |
| | （TAC出版） | |

〒101-8383
東京都千代田区神田三崎町3-2-18
電話 03(5276)9492(営業)
FAX 03(5276)9674
https://shuppan.tac-school.co.jp

| | |
|---|---|
| 組　　版 | 株式会社　グ　ラ　フ　ト |
| 印　　刷 | 株式会社　ワ　　コ　　ー |
| 製　　本 | 東京美術紙工協業組合 |

© Keiko Nukiba 2023　　　Printed in Japan

ISBN 978-4-300-10780-5
N.D.C. 364

本書は、「著作権法」によって、著作権等の権利が保護されている著作物です。本書の全部または一
部につき、無断で転載、複写されると、著作権等の権利侵害となります。上記のような使い方をされる
場合、および本書を使用して講義・セミナー等を実施する場合には、小社宛許諾を求めてください。

乱丁・落丁による交換、および正誤のお問合せ対応は、該当書籍の改訂版刊行月末日までとい
たします。なお、交換につきましては、書籍の在庫状況等により、お受けできない場合もござ
います。
また、各種本試験の実施の延期、中止を理由とした本書の返品はお受けいたしません。返金も
いたしかねますので、あらかじめご了承くださいますようお願い申し上げます。

# 社会保険労務士講座

## 2024年合格目標 開講コース

学習レベル・スタート時期にあわせて選べます！

### 初学者対象
**順次開講中**
まずは年金から着実に学習スタート！
**総合本科生Basic**

初めて学ぶ方も無理なく合格レベルに到達できるコース。Basic講義で年金科目の基礎を理解した後は、労働基準法から効率的に基礎力＆答案作成力を身につけます。

### 初学者対象
**順次開講中**
Basic講義つきのプレミアムコース！
**総合本科生Basic+Plus**

大好評のプレミアムコース「総合本科生Plus」に、Basic講義がついたコースです。Basic講義から直前期のオプション講座まで豊富な内容で合格へ導きます。

### 初学者・受験経験者対象
**2023年9月より順次開講**
基礎知識から答案作成力まで一貫指導！
**総合本科生**

長年の指導ノウハウを凝縮した、TAC社労士講座のスタンダードコースです。【基本講義 → 実力テスト → 本試験レベルの答練】と、効率よく学習を進めていきます。

### 初学者・受験経験者対象
**2023年9月より順次開講**
充実度プラスのプレミアムコース！
**総合本科生Plus**

「総合本科生」を更に充実させたプレミアムコースです。「総合本科生」のカリキュラムを詳細に補足する講義を加え、充実のオプション講座で万全な学習態勢です。

### 受験経験者対象
**2023年10〜12月開講**
今まで身につけた知識を更にレベルアップ！
**上級本科生**

受験経験者（学習経験者）専用に独自開発したコース。受験経験者専用のテキストを用いた講義と問題演習を繰り返すことによって、強固な基礎力に加え応用力を身につけていきます。

### 受験経験者対象
**2023年10〜12月開講**
インプット期から十分な演習量を実現！
**上級演習本科生**

コース専用に編集されたハイレベルな演習問題をインプット期から取り入れ、解説講義を行いながら知識を確認していくことで、受験経験者の得点力を更に引き上げていきます。

※上記コースは諸般の事情により、開講月が変更となる場合がございます。

**詳細は2024年合格目標コース案内書にてご確認ください。**

---

## ライフスタイルに合わせて選べる4つの学習メディア

【通学】 教室講座・ビデオブース講座 　【通信】 DVD通信講座・Web通信講座

---

**はじめる前に体験できる。だから安心！**　　　　**無料体験入学**

### 実際の講義を無料で体験できます！
### あなたの目で講義のクオリティーを実感してください。

お申込み前に講座の第1回目の講義を無料で受講できます。講義内容や講師、雰囲気などを体験してください。ご予約は不要です。開講日につきましては、TACホームページまたは講座パンフレットをご請求ください。
※教室での生講義のほか、TAC各校舎のビデオブースでも体験できます。ビデオブースでの体験入学は事前の予約が必要です。詳細は各校舎にお問合わせください。

https://www.tac-school.co.jp/ → 社会保険労務士へ

# 資格の学校 TAC

## まずはこちらへお越しください　無料公開セミナー・講座説明会

**予約不要・参加無料　知りたい情報が満載!
参加者だけのうれしい特典あり**

**参加者に入会金免除券プレゼント!**

専任講師によるテーマ別セミナーや、カリキュラムについて詳しくご案内する講座説明会を実施しています。終了後は質問やご相談にお答えする「個別受講相談」を承っております。実施日程はTACホームページまたはパンフレットにてご案内しております。ぜひお気軽にご参加ください。

## Web上でもセミナーが見られる!　TAC動画チャンネル

セミナー・講座説明・体験講義の映像など
役立つ情報をすべて無料で視聴できます。

- テーマ別セミナー　● 講座説明会　● 体験講義　等

https://www.tac-school.co.jp/ → TAC動画チャンネル へ

## PCやスマホで快適に閲覧　デジタルパンフレット

紙と同じ内容のパンフレットをPCやスマートフォンで!
郵送も待たずに今すぐにご覧いただけます。

↓登録はこちらから
https://www.tac-school.co.jp/ → デジタルパンフ登録フォームに入力

**コチラからもアクセス!▶▶**

## 資料請求・お問い合わせはこちらから!

| 電話でのお問い合わせ・資料請求 | 通話無料 **0120-509-117** ゴウカク イイナ |

【受付時間】
9:30～19:00(月曜～金曜)
9:30～18:00(土曜・日曜・祝日)

※携帯・自動車電話・PHSからもご利用いただけます。

TACホームページからのご請求　https://www.tac-school.co.jp/

# TAC出版 書籍のご案内

TAC出版では、資格の学校TAC各講座の定評ある執筆陣による資格試験の参考書をはじめ、資格取得者の開業法や仕事術、実務書、ビジネス書、一般書などを発行しています!

## TAC出版の書籍

*一部書籍は、早稲田経営出版のブランドにて刊行しております。

### 資格・検定試験の受験対策書籍

- ❂日商簿記検定
- ❂建設業経理士
- ❂全経簿記上級
- ❂税 理 士
- ❂公認会計士
- ❂社会保険労務士
- ❂中小企業診断士
- ❂証券アナリスト
- ❂ファイナンシャルプランナー(FP)
- ❂証券外務員
- ❂貸金業務取扱主任者
- ❂不動産鑑定士
- ❂宅地建物取引士
- ❂賃貸不動産経営管理士
- ❂マンション管理士
- ❂管理業務主任者
- ❂司法書士
- ❂行政書士
- ❂司法試験
- ❂弁理士
- ❂公務員試験(大卒程度・高卒者)
- ❂情報処理試験
- ❂介護福祉士
- ❂ケアマネジャー
- ❂社会福祉士　ほか

### 実務書・ビジネス書

- ❂会計実務、税法、税務、経理
- ❂総務、労務、人事
- ❂ビジネススキル、マナー、就職、自己啓発
- ❂資格取得者の開業法、仕事術、営業術
- ❂翻訳ビジネス書

### 一般書・エンタメ書

- ❂ファッション
- ❂エッセイ、レシピ
- ❂スポーツ
- ❂旅行ガイド (おとな旅プレミアム/ハルカナ)
- ❂翻訳小説

# TAC出版

(2021年7月現在)

## 書籍のご購入は

### 1 全国の書店、大学生協、ネット書店で

### 2 TAC各校の書籍コーナーで

資格の学校TACの校舎は全国に展開!
校舎のご確認はホームページにて

資格の学校TAC ホームページ
https://www.tac-school.co.jp

### 3 TAC出版書籍販売サイトで

24時間ご注文受付中

https://bookstore.tac-school.co.jp/

- 新刊情報をいち早くチェック!
- たっぷり読める立ち読み機能
- 学習お役立ちの特設ページも充実!

TAC出版書籍販売サイト「サイバーブックストア」では、TAC出版および早稲田経営出版から刊行されている、すべての最新書籍をお取り扱いしています。
また、無料の会員登録をしていただくことで、会員様限定キャンペーンのほか、送料無料サービス、メールマガジン配信サービス、マイページのご利用など、うれしい特典がたくさん受けられます。

## サイバーブックストア会員は、特典がいっぱい!（一部抜粋）

 通常、1万円（税込）未満のご注文につきましては、送料・手数料として500円（全国一律・税込）頂戴しておりますが、1冊から無料となります。

 専用の「マイページ」は、「購入履歴・配送状況の確認」のほか、「ほしいものリスト」や「マイフォルダ」など、便利な機能が満載です。

 メールマガジンでは、キャンペーンやおすすめ書籍、新刊情報のほか、「電子ブック版TACNEWS（ダイジェスト版）」をお届けします。

 書籍の発売を、販売開始当日にメールにてお知らせします。これなら買い忘れの心配もありません。

# 2024年度版 社労士試験対策書籍のご案内

TAC出版では、独学用、およびスクール学習の副教材として、各種対策書籍を取り揃えています。
学習の各段階に対応していますので、あなたのステップに応じて、合格に向けてご活用ください!

(刊行内容、発売月、表紙は変更になることがあります。)

## みんなが欲しかった! シリーズ

わかりやすさ、学習しやすさに徹底的にこだわった、TAC出版イチオシのシリーズ。
大人気の『社労士の教科書』をはじめ、合格に必要な書籍を網羅的に取り揃えています。

**基礎学習**

『みんなが欲しかった!
社労士合格へのはじめの一歩』
A5判、8月 貫場 恵子 著
- 初学者のための超入門テキスト!
- 概要をしっかりつかむことができる入門講義で、学習効率ぐーんとアップ!
- フルカラーの巻頭特集 スタートアップ講座は必見!

『みんなが欲しかった!
社労士の教科書』
A5判、10月
- 資格の学校TACが独学者・初学者専用に開発! フルカラーで圧倒的にわかりやすいテキストです。
- 2冊に分解OK! セパレートBOOK形式。
- 便利な赤シートつき!

『みんなが欲しかった!
社労士の問題集』
A5判、10月
- この1冊でイッキに合格レベルに! 本試験形式の択一式&選択式の過去問、予想問を必要な分だけ収載。
- 『社労士の教科書』に完全準拠。

**実力アップ**

『みんなが欲しかった!
社労士合格のツボ 選択対策』
B6判、11月
- 基本事項のマスターにも最適! 本試験のツボをおさえた選択式問題厳選333問!!
- 赤シートつきでパパッと対策可能!

『みんなが欲しかった!
社労士合格のツボ 択一対策』
B6判、11月
- 択一の得点アップに効く1冊! 本試験のツボをおさえた一問一答問題厳選1600問!! 基本と応用の2step式で、効率よく学習できる!

『みんなが欲しかった!
社労士全科目横断総まとめ』
B6判、12月
- 各科目間の共通・類似事項をこの1冊で整理!
- 赤シート対応で、まとめて覚えられるから効率的!

**実践演習**

『みんなが欲しかった! 社労士の
年度別過去問題集 5年分』
A5判、12月
- 年度別にまとめられた5年分の過去問で知識を総仕上げ!
- 問題、解説冊子は取り外しOKのセパレートタイプ!

『みんなが欲しかった!
社労士の直前予想模試』
B5判、4月
- みんなが欲しかったシリーズの総仕上げ模試!
- 基本事項を中心とした模試で知識を一気に仕上げます!

# TAC出版

## よくわかる社労士シリーズ

なぜ？ どうして？ を確実に理解しながら、本試験での得点力をつける！
本気で合格することを考えてできた、実践的シリーズです。受験経験のある方にオススメ！

『よくわかる社労士 合格するための
過去10年本試験問題集』
A5判、9月～10月 **全4巻**
1 労基・安衛・労災  2 雇用・徴収・労一
3 健保・社一  4 国年・厚年
● 過去10年分の本試験問題を「一問一答式」「科目別」
「項目別」に掲載！2色刷で見やすく学びやすい！
● 合格テキストに完全準拠！
● テキストと一緒に効率よく使える、過去問検索索引つき！

『よくわかる社労士 合格テキスト』
A5判、10月～4月 **全10巻+別冊1巻**
1 労基法  2 安衛法  3 労災法  4 雇用法  5 徴収法
6 労一  7 健保法  8 国年法  9 厚年法  10 社一
別冊 直前対策（一般常識・統計／白書／労務管理）
● 科目別重点学習で、しっかり学べる！
● 受験経験者やより各科目の知識を深めたい方にぴったり。
● TAC上級（演習）本科生コースの教材です。
● 全点赤シートつき！

『本試験をあてる
TAC直前予想模試 社労士』
B5判、4月
● 本試験形式の予想問題を2回分
収録！難易度を高めに設定した
総仕上げ模試！
● マークシート解答用紙つき！

## 無敵シリーズ

年3回刊行の無敵シリーズ。完全合格を実現するためのマストアイテムです！

『無敵の社労士1
スタートダッシュ』
B5判、8月

『無敵の社労士2
本試験徹底解剖』
B5判、12月

『無敵の社労士3
完全無欠の直前対策』
B5判、5月

## こちらもオススメ！

『みんなが欲しかった！社労士の教科書
速攻マスターCD』12月

『みんなが欲しかった！社労士の教科書
総まとめDVD』2月

『岡根式 社労士試験はじめて講義』
B6判、8月　岡根 一雄 著
● "はじめて"でも"もう一度"でも、まずは岡根式から！
社労士試験の新しい入門書です。

## 啓蒙書

好評発売中！

『専業主婦が社労士になった！』
四六判　竹之下 節子 著
● 社労士の竹之下先生が、試験合格、独立開業の体験と、人生を変えるコツを教えます!!

---

TACの書籍はこちらの方法でご購入いただけます
1 全国の書店・大学生協　2 TAC各校 書籍コーナー　3 インターネット
CYBER BOOK STORE TAC出版書籍販売サイト
アドレス https://bookstore.tac-school.co.jp/

・2023年7月現在　・とくに記述がある商品以外は、TAC社会保険労務士講座編です

# 書籍の正誤に関するご確認とお問合せについて

書籍の記載内容に誤りではないかと思われる箇所がございましたら、以下の手順にてご確認とお問合せをしてくださいますよう、お願い申し上げます。

なお、正誤のお問合せ以外の書籍内容に関する解説および受験指導などは、一切行っておりません。
そのようなお問合せにつきましては、お答えいたしかねますので、あらかじめご了承ください。

## 1 「Cyber Book Store」にて正誤表を確認する

TAC出版書籍販売サイト「Cyber Book Store」の
トップページ内「正誤表」コーナーにて、正誤表をご確認ください。

**CYBER** TAC出版書籍販売サイト
**OOK STORE**

**URL：https://bookstore.tac-school.co.jp/**

## 2 1 の正誤表がない、あるいは正誤表に該当箇所の記載がない
⇒ 下記①、②のどちらかの方法で文書にて問合せをする

★ご注意ください★

**お電話でのお問合せは、お受けいたしません。**
①、②のどちらの方法でも、お問合せの際には、「お名前」とともに、
「対象の書籍名（○級・第○回対策も含む）およびその版数（第○版・○○年度版など）」
「お問合せ該当箇所の頁数と行数」
「誤りと思われる記載」
「正しいとお考えになる記載とその根拠」
を明記してください。
なお、回答までに１週間前後を要する場合もございます。あらかじめご了承ください。

① ウェブページ「Cyber Book Store」内の「お問合せフォーム」より問合せをする

**【お問合せフォームアドレス】**

**https://bookstore.tac-school.co.jp/inquiry/**

② メールにより問合せをする

**【メール宛先　TAC出版】**

**syuppan-h@tac-school.co.jp**

※土日祝日はお問合せ対応をおこなっておりません。
※正誤のお問合せ対応は、該当書籍の改訂版刊行月末日までといたします。

乱丁・落丁による交換は、該当書籍の改訂版刊行月末日までといたします。なお、書籍の在庫状況等により、お受けできない場合もございます。
また、各種本試験の実施の延期、中止を理由とした本書の返品はお受けいたしません。返金もいたしかねますので、あらかじめご了承くださいますようお願い申し上げます。

TACにおける個人情報の取り扱いについて
■お預かりした個人情報は、TAC（株）で管理させていただき、お問合せへの対応、当社の記録保管にのみ利用いたします。お客様の同意なしに業務委託先以外の第三者に開示、提供することはございません（法令等により開示を求められた場合を除く）。その他、個人情報保護管理者、お預かりした個人情報の開示等及びTAC（株）への個人情報の提供の任意性については、当社ホームページ
（https://www.tac-school.co.jp）をご覧いただくか、個人情報に関するお問い合わせ窓口（E-mail:privacy@tac-school.co.jp）までお問合せください。

（2022年7月現在）